KB236401

내
마음이
왜
이럴까?

내 마음이 왜 이럴까?

사춘기, 우정, 공부, 연애까지
심리학이 궁금한 순간

나이토 요시히토 지음 | 한선주 옮김 | 신병근 그림

한국경제신문

일상의 심리학,
모두의 심리학

심리학만큼 우리 생활과 밀접하고 흥미로운 학문이 있을까요? 아이부터 어른까지, 우리가 살아가는 데 가장 도움이 되는 학문이 심리학입니다.

이 책은 어른들은 물론이고, 초등학교 고학년부터 중고생까지 폭넓은 연령층을 대상으로 심리학이 무엇을 공부하는 학문인지 알기 쉽게 소개하는 책입니다.

심리학은 면밀한 관찰과 조사, 실험을 반복하면서 데이터를 수없이 추출하여 꾸준히 결론(지식)을 쌓아가는 과학입니다. 물론 빈틈없고 딱딱한 화학 실험이나 물리학 실험에 비하면 심리학 실험은 웃음이 나올 정도로 가벼운 느낌이기는 하지만, 심리학도 엄연히 과학의 한 부류에 속한답니다.

모든 학문은 우리의 사소한 궁금증을 풀기 위해 탄생했습니다. '왜?' '어째서?'를 탐구하는 것이 학문입니다. 궁금증을 느끼는 대상이 생물이면 생물학, 정치라면 정치학, 우주라면 천문학, 이런 식으로 '왜?'의 대상이 무엇인지에 따라 학문 이름이 정해집니다. 심리학에서 알아내고자 하는 '왜?'의 대상은 바로 우리 자신입니다.

그렇기에 우리의 일상생활과 관련 있는 친근한 주제가 심리학의 연구 대상이 되지요. '금융경제란 무엇일까?' '의회제도란 무엇일까?'와 같은 이야기에는 시큰둥하던 사람도 다음과 같은 이야기에는 귀가 솔깃해지지 않을까요?

- ✦ 자기 아이가 싼 똥은 왜 더럽지 않을까?
- ✦ 남의 시선을 많이 의식하는 건 비정상일까?
- ✦ 부모와 닮은 사람에게 끌린다는 게 사실일까?
- ✦ 머리 긴 여성이 인기가 많다고?
- ✦ '두뇌 훈련' 게임을 하면 머리가 좋아질까?
- ✦ 부자일수록 오래 산다는 게 사실일까?
- ✦ 소문이나 도시 괴담은 왜 계속 퍼져 나갈까?
- ✦ 사춘기에는 정말 감정이 불안정해질까?

어때요, 꽤 흥미로운 내용 아닌가요? 왜 그런지 이유를 알고 싶은 사람은 꼭 이 책을 끝까지 읽어보세요.

이 책에서는 세계 각지의 연구 데이터를 바탕으로 1장 '가족과 친구 관계', 2장 '연애와 성', 3장 '공부와 스포츠', 4장 '돈과 직업', 5장 '사회와 미래', 6장 '거짓과 진실'로 나누어 심리학 이야기를 소개합니다.

심리학이 무엇을 연구하는 학문인지 이해할 수 있도록 아주 다양한 연구 결과를 모아봤습니다. 독자 여러분도 분명 만족하리라 믿습니다.

이 책을 집필하면서 초·중·고등학생들도 읽을 수 있도록 최대한 쉽게 쓰려고 노력했어요. 심리학에서는 어느 정도 수학적인 지식(함수나 확률 등)이 필요하지만, 이 책에는 수식이 전혀 나오지 않습니다. 핵심만 쏙쏙 뽑아서 알기 쉽게 소개할 테니 편하게 읽으면 좋겠습니다. 자, 그럼 심리학의 세계로 여행을 떠나볼까요?

차례

1장
'가족과 친구 관계'로 배우는 심리학

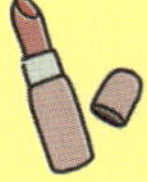

2장
'연애와 성'으로 배우는 심리학

3장
'공부와 스포츠'로 배우는 심리학

4장
'돈과 직업'으로 배우는 심리학

5장
'사회와 미래'로 배우는 심리학

6장
'거짓과 진실'로 배우는 심리학

1장

'가족과 친구 관계'로 배우는 심리학

1.
공갈 젖꼭지를 많이 빤 아이는
분위기 파악을 못한다?

우리가 상대의 기분에 공감할 수 있는 것은 학습의 결과입니다. '이 사람의 기분이 이렇겠구나'라고 공감하는 능력은 선천적이라기보다는 후천적 학습을 통해 조금씩 키워가는 것이죠.

아기는 부모의 표정을 따라 하면서 공감 능력을 습득한다고 합니다. 생글생글 웃는 엄마와 아빠의 얼굴을 보면서 자신도 까르르 웃으며 '엄마 아빠는 지금 기분이 좋구나.' 하고 느끼는 것이지요.

그런데 이런 공감 능력을 기르지 못하는 순간이 있습니다. 바로 공갈 젖꼭지를 입에 물고 있을 때인데요. 공갈 젖꼭지를 물고 있으면 입을 자유롭게 움직이기 힘들어 상대의 표정을 따라 하지 못하고, 그렇게 되면 공감 능력을 기르기 어렵습니다.

이런 이유 때문인지 영유아기에 공갈 젖꼭지를 오랜 기간 사용한 아이는 성장 이후 상대의 기분에 잘 공감하지 못한다고 알려져 있어요.

미국 위스콘신대학의 폴라 니덴탈Paula Niedenthal은 초등학교 1~2학년 자녀를 둔 부모를 대상으로 '아이가 공갈 젖꼭지를 얼마나 오래 사용했는지' 조사했고, 그 자녀들에게는 어떤 영상을 보여준 다음 아이들이 등장인물의 표정을 얼마나 잘 따라 하는지 관찰했습니다.

영상을 보는 당사자는 잘 느끼지 못하지만, 화면에 나오는 사람이 슬픈 표정을 지으면 자기도 모르게 그 표정을 따라 하게 됩니다. 영상 속 인물이 화가 나 있으면 그것을 보는 사람도 무의식중에 기분 나쁜 얼굴을 하지요. 상대의 표정을 따라 하는 사람이 공감 능력이 높다는 증거이니, 이는 바람직한 현상입니다. 텔레비전을 볼 때 자신이 등장인물과 같은 표정을 짓는지 스스로 확인해 봐도 좋겠네요. 이 방법으로 본인의 공감 능력이 높은지 판단할 수 있을 테니까요.

니덴탈의 조사를 통해 공갈 젖꼭지를 오랜 기간 사용한 아이는 영상에 나오는 등장인물의 표정을 잘 따라 하지 못한다는 사실이 밝혀졌습니다. 공감 능력이 떨어진다는 말이죠. 상대의 기분에 공감하지 못하면 어른이 되었을 때 아주 힘들어져요. '분위기 파악을 못한다' 혹은 '다른 사람의 마음을 헤아리지 못한다'라는 인상을 주는 경우가 많기 때문입니다.

그럼 어떻게 해야 공감 능력을 높일 수 있을까요? 일상생활 속에서 계속 연습하면 됩니다. 아주 쉽죠. 친구들과 대화할 때는 친구의 얼굴을 잘 살펴서 표정을 따라 하려고 노력해 보세요. 친구가 "있잖아, 어제 재밌는 일이 있었거든." 하고 기분 좋은 얼굴로 말을 걸면, 거울을 비추듯 친구와 같은 표정을 지으면서 "오, 무슨 일이 있었는데?" 하고 대답하는 겁니다.

영유아기의 발달에 관한 심리학 연구 중에 무표정^{Still Face} 실험이란 것이 있습니다. 아기와 마주 보며 미소 짓던 엄마가 갑자기 무표정한 얼굴로 5분 동안 아무런 반응도 보이지 않을 때 아기가 어떤 행동을 하는지 관찰한 실험입니다. 방금까지 방긋 웃던 엄마가 돌연 반응을 멈추니 아기는 엄마의 관심을 끌려는 태도를 보이는데요. 시간이 지나면 극도의 스트레스와 불안을 느껴 울음을 터뜨리거나 짜증을 낸다는 결과가 나왔습니다. 어른도 마찬가지겠지요.

여러분이 기분 나쁜 얼굴을 하고 있으면 그걸 보는 상대방도 '왜 저러지, 몸이 안 좋은가?' '가족끼리 다투기라도 했나?' 싶어 걱정하고 불안해 합니다. "괜찮아?" "무슨 일 있어?" 하고 물어봤는데 "별일 아니야"라고 무표정으로 대꾸하거나 이렇다 할 반응을 보이지 않는다면 상대의 기분이 어떨까요? 반대로 "걱정해 줘서 고마워" "내 얘기 좀 들어봐. 사실 이런 일이 있었는데 말이야." 하고 대답하면 어떨지 생각해 보세요.

공감 능력을 기르면 사람들과 대화가 잘 통하고 주위의 신뢰도 두터워져 호감도가 상승합니다.

하지만 공감 능력이 높은 사람일수록 상대의 입장을 배려하고 감정이입을 잘하다 보니 타인의 감정에 과도하게 빠져들어 마음이 힘들 때도 있습니다. 학교나 직장에서 주위 의견에 너무 맞춰주거나 분위기를 해칠까 봐 좀처럼 자기 의견을 내지 못하고 인간관계에 휘둘리는 경우도 생기니 자신다움을 잃지 않도록 애써야 합니다.

나와 잘 맞는 사람이 있으면 잘 맞지 않는 사람도 있는 법이죠. 모든 사람과 잘 지내려는 마음을 내려놓는 것도 중요해요.

2.
사람들이 죽기보다 싫어하는 두 가지

많은 사람 앞에서 발표를 할 때 여러분은 어떤 기분이 드나요?

"쥐구멍에 숨고 싶을 정도로 얼굴이 빨개지고 겨드랑이에서 식은땀이 폭발해요."

"심장이 쿵쾅거려 터질 듯한 기분이에요."

"목소리가 떨려서 보기 흉할 것 같아요."

아마 이런 대답이 나오지 않을까 싶은데요. 낯가림이 심한 부모님을 닮아 너무 소극적인 성격이어서 힘들다며 부모님을 탓하는 사람도 있을지 모르겠습니다.

하지만 사람들 앞에서 발표할 때는 누구나 긴장해요. 나만 힘든 게 아닙니다. 사람이라면 누구든 긴장하기 마련이니 얼굴이

[도표 1] 인간이 두려움을 느끼는 열 가지

[도표 1] 인간이 두려움을 느끼는 열 가지

	두렵다고 느끼는 것	응답자 비율		두렵다고 느끼는 것	응답자 비율
1위	사람들 앞에서 말하기	61.7%	6위	벌레	33.4%
2위	금전적인 것	54.8%	7위	깊은 물 속	27.2%
3위	죽음	43.2%	8위	어두운 곳	21.1%
4위	고독	38.3%	9위	질병	18.9%
5위	높은 곳	37.7%	10위	비행	8.3%

(참고 자료: 캐런 드와이어의 조사 결과)

빨개지거나 유창하게 말하지 못한다고 해서 걱정할 필요가 없습니다. 떨리지도 않고 아무런 감정도 들지 않는다면 오히려 그게 더 이상하죠. 어때요? 이렇게 생각하면 조금은 마음이 편해지지 않나요?

미국 네브래스카대학의 심리학자 캐런 드와이어Karen Dwyer는 사람들이 두려움을 느낄 만한 소재를 여러 개 골라 리스트를 만든 다음 815명에게 설문조사를 했습니다. 각 항목을 보여주고 두려움을 느끼는지 질문하는 방식으로 조사하여 전체 순위를 매겼는데요(도표 1). 그 결과 사람들이 죽기보다 더 무서워하는 것이 있었습니다.

'죽음'보다 두렵다니 대체 그게 무엇이었을까요? 바로 '사람들 앞에서 말하기'였습니다. 사람들 앞에서 말하는 데 두려움을 느낀다는 응답이 당당히 1위를 차지했습니다. 61.7퍼센트 사람들이 이렇게 대답했어요. 참고로 '죽음'은 43.2퍼센트로 3위, 2위는 돈과 관련된 문제로 54.8퍼센트였습니다.

사람들 앞에서 말하는 것이 죽기보다 싫다는 조사 결과도 있으니 남들 앞에 섰을 때 긴장하거나 목소리가 떨려도 걱정하지 마세요. 누구나 다 그러니까요.

'내 친구 ○○이는 전혀 떨지 않고 당당하게 발표하던데….'

이렇게 생각하는 사람도 있겠지요. 하지만 사실은 그렇지 않습니다. 그 친구도 속으로는 심장이 벌렁벌렁하면서 떨리고 긴장될 거예요. 단지 그 모습이 드러나지 않게 잘 숨기고 있을 뿐이죠. 남들 앞에서 많은 사람의 시선을 받는데 긴장하지 않을 사람이 어디 있겠어요.

미국 클리블랜드 클리닉 재단의 재클린 슬롬카Jacquelyn Slomka는 프로 오페라 가수나 플루트 연주자가 무대에서 긴장하는지를 조사했는데 역시나 다들 긴장한다는 결과가 나왔습니다. 조사 결과에 따르면 프로 음악가들도 프로프라놀롤Propranolol 이라는 약을 먹고 무대에 서는 경우가 많다고 합니다. 프로프라놀롤은 협심증이나 심근경색 같은 질병에 처방되는 약인데 긴장과 불안을 완화하는 효과도 있다고 해요.

어쨌든 남들 앞에 서면 긴장하는 것은 사람이라면 누구나 마찬가지이니 크게 신경 쓰지 않는 편이 좋습니다.

3.
세상 참 좁다!
여섯 명만 거치면 다 아는 사이

'이 사람과 꼭 한번 만나보고 싶다!' 하고 꿈꾸는 존재가 있나요? 좋아하는 아이돌이나 배우, 뮤지션, 스포츠 선수, 만화가 등 다양하겠지요. 여러분 중에 대부분은 '나하고는 완전히 다른 세상에 사는 사람이니 연결고리가 있을 리 없다'라며 포기해 버렸을 거예요.

하지만 주변에 있는 가족이나 친척, 친구, 지인 중에서 '내가 정말 만나보고 싶은 사람'과 왠지 가까울 듯한 사람을 고르고 몇 단계를 거치면서 부탁하다 보면 혹시나 연결될 수 있을지도 모릅니다. 가령 여러분이 전혀 모르는 '미국 미시간주에 사는 A씨'와 아는 사이가 되고 싶다고 할 때 서로 연결되려면 몇 사람을 거쳐야 할까요?

거짓말 같은 얘기지만, 불과 여섯 다리만 건너면 유명인이든 아니든 전 세계 누구와도 이어질 가능성이 있어요. 심리학에서는 이것을 '6단계 분리 이론'이라고 합니다.

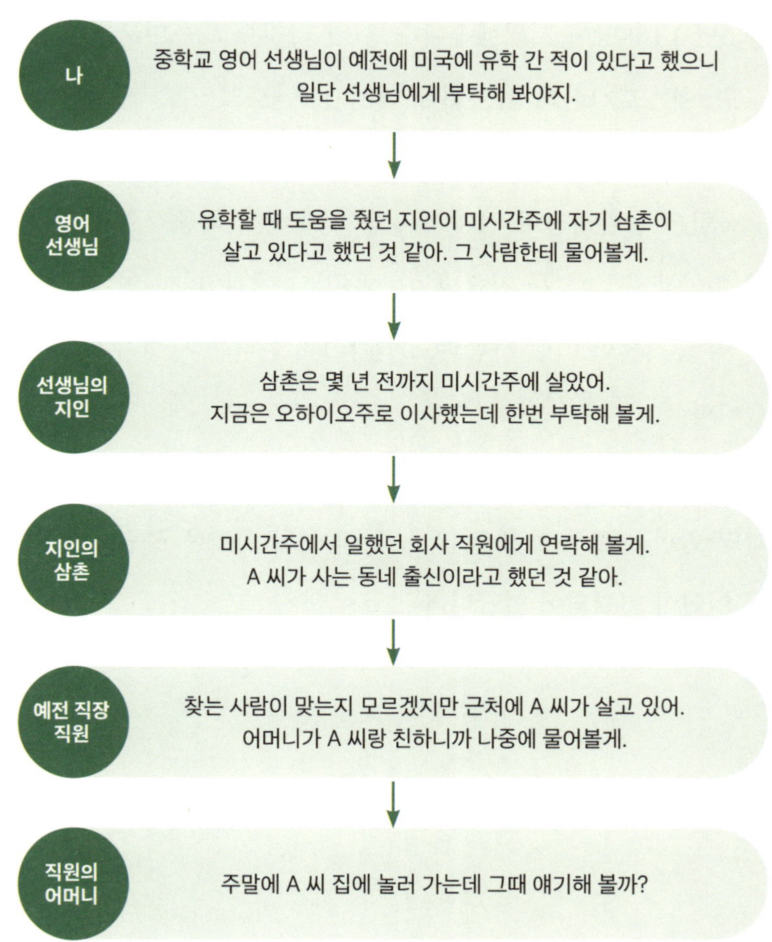

이렇게 계속하다 보면 예외가 있긴 해도 대부분 여섯 명 정도를 거쳐 쉽게 연결됩니다. 현실성 없는 이야기처럼 들리겠지만 이 사실은 실험으로도 확인되었습니다.

미국 컬럼비아대학의 피터 도즈^{Peter Dodds}는 6단계 분리 이론을 검증하는 실험의 참가자를 인터넷으로 모집했는데 여기에 총 6만 1,168명이 지원했습니다. 실험 타깃으로는 미국의 대학교수, 에스토니아의 아카이브 검사관, 인도의 기술 컨설턴트, 호주의 경찰관 등 13개국에 사는 18명이 선정되었지요.

실험은 참가자들이 각자 메일을 전달해서 최종적으로 타깃이 받아볼 수 있도록 진행되었는데요. 그 결과, 다섯 명에서 일곱 명을 거치면 어떤 사람과도 연락이 닿는다는 사실이 밝혀졌습니다.

생각보다 세상이 좁지요? 여러분도 연락하고 싶은 사람이 있다면 한번 시도해 보세요. 의외로 내 주위 가까운 사람을 통해서 인연이 연결되어 있답니다.

4.
괴롭힘을 '못 본 척'하는 친구가 왕따를 부추긴다

괴롭힘 문제는 일본에서만 나타나는 현상은 아닙니다. 전 세계 곳곳에서 일어나고 있으며 사회문제로도 대두되고 있어요. 어떻게 하면 괴롭힘을 없앨 수 있을까요? 핀란드 투르쿠대학의 안티 케르네^{Antti Kärnä}가 실시한 연구 결과를 참고하면 좋을 듯합니다.

핀란드에서도 집단 괴롭힘이 많이 발생했는데요. 2006년 핀란드 교육문화부는 집단 괴롭힘을 방지하기 위해 '키바^{KiVa}'라는 프로그램을 시행했습니다. '키바'는 핀란드어로 괴롭힘에 맞서다^{Kiusaamista Vastaan} 라는 말의 줄임말입니다.

키바 프로그램의 가장 큰 특징은 괴롭힘이 '방관자(보고만 있는 사람)의 영향을 많이 받는다'는 사실을 강조한다는 점입니다. 아이들을 조사하여 괴롭힘이 발생하는 메커니즘을 연구한 결과에 따르면, 가해자와 피해자 둘만으로는 괴롭힘이 성립되기 어려우며 주위에서 지켜보는 친구에게 가해자가 자신의 힘을 과시하려고 집요하게 반복해서 피해자를 괴롭히는 사례가 많다고 합니다. 요컨대 괴롭힘을 막는 가장 좋은 방법은 괴롭힘을 당하는 친구가 있을 때 '나랑 상관없어'라며 못 본 척 외면하지 않고 바로 도와주는 것입니다.

키바 프로그램에서는 괴롭힘을 목격하면 그냥 보고만 있지 말고 즉시 도와주도록 가르쳤는데요. 케르네가 888곳의 초등학교와 중학교에서 키바 프로그램을 시범 운영한 결과, 9개월 만에 괴롭힘 발생 건수가 크게 줄었습니다. 핀란드 전국에서 50만 명의 어린이를 대상으로 키바 프로그램을 운영한다면 괴롭힘 발생 건수가 7,500건 감소하고 피해 아동 1만 2,500명이 줄어들 것이라고 케르네는 내다봤습니다.

안타깝게도 학교나 회사, 사람들이 모이는 커뮤니티에서는 괴롭힘이 많이 발생합니다. 만약 여러분 주위에 괴롭힘을 당하는 사람이 있다면 고민하지 말고 바로 나서서 도와주세요. '말을 걸어볼까? 어떻게 하지?' 하고 우물쭈물 망설이다 보면 대부분 '그냥 가만히 있는' 쪽을 선택해 버린다는 심리학 연구 결과가 있습니다. 도와줄 때는 그냥 반사적으로 가해자에게 "이봐, 그러지 마!"하고 바로 뛰어들어야 해요. 아니면 피해자에게 "힘든 일이 있으면 고민 상담해 줄게"라고 말하며 이야기를 들어주는 것도 좋아요.

핵심은 너무 깊이 생각하지 말 것. 생각 없이 행동하면 좋지 않다고들 하지만 괴롭힘 문제에서만큼은 그 반대입니다. 고민 없이 뛰어들지 않으면 괴롭힘을 막을 수 없으니까요.

남에게 친절을 베풀 때도 마찬가지입니다. 길에서 도움이 필요한 사람을 발견했을 때 '어떡하지? 말을 거는 게 좋을까?' 하고 망설이면 대다수는 '도와주지 않고 지나치는' 쪽을 택하기 때문입니다. 이럴 때도 주저 없이 반사적으로 도움의 손길을 내미는 것이 좋습니다.

5.
네 명 중 한 명이
사이버 폭력 피해자?

누구나 스마트폰을 가지고 다닐 정도로 휴대전화 보급률이 높아지면서 거의 모든 사람이 사회관계망서비스^{SNS}를 이용하고 있습니다(도표 2).

주요 SNS에서는 사용자 연령을 만 13세 이상으로 제한하고 있어요. X(옛 트위터)나 인스타그램, 유튜브 등 미국에 본사가 있는 기업은 '아동 온라인 개인정보 보호법^{Children's Online Privacy Protection Act, COPPA}' 적용을 받는데, 미국에서는 법적으로 만 13세 미만 아동의 개인정보 수집이 금지되어 있기 때문입니다. 메신저 '라인'도 청소년 보호를 위해 나이에 따라 이용할 수 있는 기능을 제한하고 있어요.

인터넷이나 SNS는 편리하지만 집단 괴롭힘의 온상이 되기 쉽다는 문제점도 안고 있습니다.

친구나 지인의 얼굴을 보면서 말하기 어려운 내용도 사이버 공간에서 비대면으로 메시지를 보낼 때는 거부감이 덜합니다. 게다가 익명으로 자기 의견을 쓸 수 있다 보니 조금이라도 마음에 들지 않으면 "걔 정말 짜증 나" "죽었으면 좋겠어"라는 표현을 매우 쉽게 해버리죠.

그렇다면 실제로 얼마나 많은 사람이 사이버 폭력을 경험했을까요?

[도표 2] 스마트폰 등 휴대전화 보유 및 주요 이용 현황

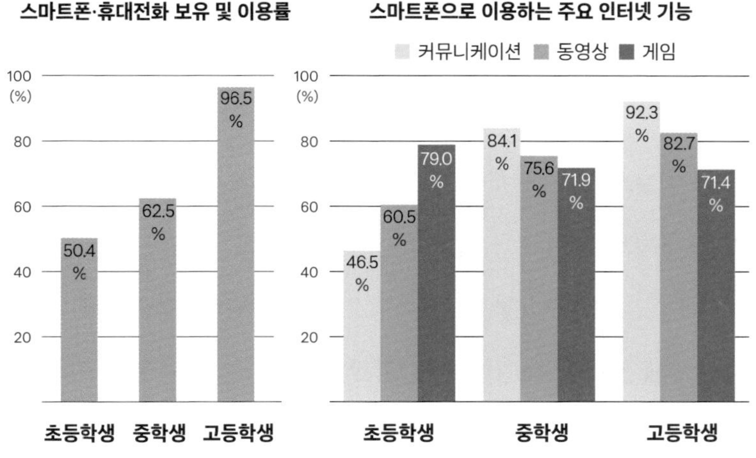

(참고 자료: 《2016년도 청소년 인터넷 이용 환경 실태조사 결과》, 일본 내각부)

캐나다 앨버타대학의 마이클 햄Michael Hamm은 사이버 폭력에 관해 진행된 조사 36건을 모아서 정리했는데요. 34개의 전문잡지에 발표된 내용이니 신뢰도가 높은 조사만 포함되었다고 볼 수 있습니다.

모든 조사 내용을 종합적으로 분석해 보니 인터넷에서 자신의 험담 글을 본 적이 있는 사람은 23.0퍼센트였습니다. 거의 네 명 중에 한 명꼴이지요. 그만큼 사이버 폭력은 이미 우리 삶에 널리 퍼져 있습니다.

2021년 도쿄의 초등학교에서 한 여학생이 사이버 폭력에 시달리다 스스로 목숨을 끊었다는 뉴스가 보도되었습니다. 이 사건은 빙산의 일각일 테지요. 사이버 폭력은 어른들만의 문제가 아니라 어린이들의 세계에도 깊숙이 들어와 있습니다.

그럼 어떻게 하면 사이버 폭력을 막을 수 있을까요? 가장 좋은 방법은 자신에 대한 악성 댓글을 보지 않는 것입니다. 팔로우를 취소하고 차단하는 등 비방 글이나 기분 상하는 말을 하는 상대에게서 일단 거리를 두는 거예요.

기분이 나쁘다면 참고 견딜 필요가 없습니다. 믿을 만한 주위 사람에게 도움을 요청하세요. 학교 친구나 직장 동료 등 아는 사람에게 상처받는 일이 계속되는 경우에도 사용하던 앱을 삭제하거나 오프라인으로 설정해서 일단 그들과 멀어져야 합니다.

저는 여러 권의 책을 집필했습니다. 그러니 인터넷에 저에 대한 평가나 의견이 적잖이 올라와 있겠지요. 하지만 저는 그런 평가 글을 절대 보지 않고 SNS도 전혀 이용하지 않습니다.

어떤 사람이든 본인 험담이나 비방 글을 보면 부정적인 감정이 생기거든요. 그럴 위험성을 생각해서 '처음부터 보지 않기' '아예 이용하지 않기'로 마음을 정하면 아무리 나쁜 말을 들어도 신경 쓰이지 않습니다. 부정적인 정보나 사람은 가까이하지 않는 것이 가장 좋습니다.

6.
내 아이가 싼 똥은
왜 더럽지 않을까?

인간은 부패하거나 고약한 냄새가 나는 것이 있으면 본능적으로 고개를 돌립니다. 불쾌감이 느껴질 때 몸을 돌려 피하는 이유는 그렇게 하도록 진화해 왔기 때문이죠.

썩은 고기나 부패한 음식에는 병원균이 득실거립니다. 이것을 먹은 사람들은 생명을 잃었고, 그런 위험에서 최대한 멀리 떨어져 있으려고 했던 사람들만 생존했습니다. 오랜 시간 동안 여러 세대를 거듭하며 반복된 경험을 통해 인간은 위험하고 불쾌한 것으로부터 멀어져야 한다는 사실을 체득하게 되었지요.

불쾌감을 주는 것으로부터 거리를 두려는 반응은 자신을 보호하려는 적응적 행동입니다. 하지만 육아에서는 이런 행동이 발현되지 않아요. 아이가 싼 똥에 불쾌감을 느끼고 거리를 둔다면 육아를 할 수 없겠죠. 그래서 엄마들은 자기 아이의 배설물은 더럽지 않다고 느끼도록 진화했습니다. 자기 아이가 싼 똥을 특별히 다르게 여기는 이유는 바로 이 때문이에요. 이러한 사실은 실험으로도 확인되었습니다.

호주 매쿼리대학의 트레버 케이스[Trevor Case]는 아기 엄마 42명을 모집하여 자기 아이의 똥이 묻은 기저귀와 다른 아이의 똥이 묻은 기저귀 냄새를 맡게 한 뒤 '얼마나 불쾌하다고 느끼는지' 물어보았습니다(도표3).

그 결과, 자기 아이의 똥은 다른 아이의 똥에 비해 절반 정도만 불쾌감을 느꼈습니다. 또한 자기 아이의 똥에 대해서는 '더

[도표 3] 아이가 싼 똥에 얼마나 불쾌감을 느끼는가?

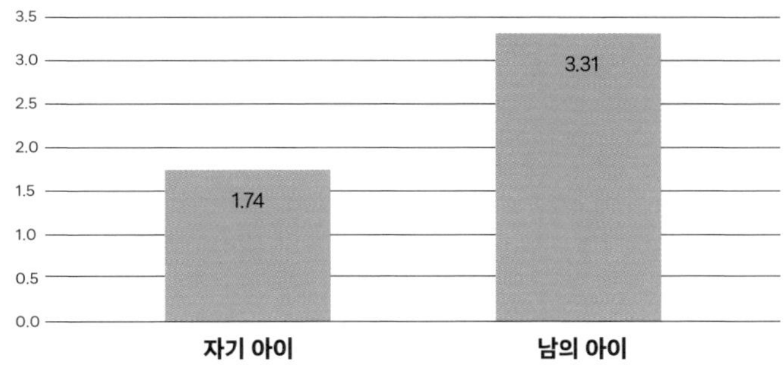

(참고 자료: 트레버 케이스의 실험 결과)

럽지 않다' '참을 수 있다' '비위가 상하지 않는다'라고 느낀다는
사실도 밝혀졌습니다.

인간은 본능적으로 더러운 것을 피하도록 진화했는데 자기
아이에게만큼은 특별한 애착을 느낍니다.

7.
SNS 확인은
하루 세 번만!

많은 사람들이 하루도 빠지지 않고 친구들과 SNS를 통해 연락을 주고받을 거예요. 여러분도 마찬가지겠죠. 솔직히 피곤하지 않나요? 즐겁게 소통하면서 사용하고 있다면 다행이지만 많은 사람이 'SNS 피로감'을 느낀다는 연구 결과도 있습니다.

'귀찮고 시간 낭비하는 것 같아.'

'수시로 확인해야 하는 데다 대화를 따라가기가 힘들어.'

만약 이렇게 생각하고 있다면 SNS 사용 시간을 줄여보세요. 캐나다 브리티시컬럼비아대학의 코스타딘 쿠스레브 Kostadin Kushlev는 현지 신문을 통해 모집한 124명을 대상으로 실험을 진행했습니다. 실험 참가자 그룹을 반으로 나누어 한쪽 그룹은

'일주일 동안 하루에 세 번만 메일을 확인'하도록 했고, 다른 한 쪽 그룹은 '지금까지 하던 대로 자유롭게 메일을 확인'하도록 했습니다.

결과는 어땠을까요? 실험은 일주일 동안 진행되었는데요. 하루에 세 번만 메일을 확인한 그룹에서 일주일 후 다음과 같은 긍정적인 변화가 나타났다고 합니다.

① 일상의 스트레스가 줄었다.
② 기분이 좋아졌다.
③ 잠을 푹 자게 되었다.
④ 많은 일을 처리할 수 있게 되었다.

우리는 별생각 없이 SNS를 사용합니다. 자기도 모르는 사이에 정신이 피폐해지거나 중독되기도 하죠. 그래서 하루 세 번만 SNS를 확인하도록 제한을 두는 것만으로도 마음이 가벼워지고 좀 더 여유로운 일상을 보낼 수 있게 되는 듯합니다.

SNS 사용 시간을 줄이면 정신도 맑아지고 공부와 일, 취미와 놀이에 쓰는 시간이 확실하게 구분되면서 몰입도가 훨씬 좋아집니다.

물론 친구 관계도 중요하기 때문에 친구와 연락을 다 끊으라는 의미는 아닙니다. 다만 적당히 연락하는 것이 심리적으로 좋다는 말이지요. 하루 세 번 정도가 무난하지 않을까요?

친구들과 하루도 빠짐없이 몇 시간씩 메시지를 주고받다가 갑자기 답을 하지 않으면 '무슨 일이 있나?' 싶어 친구가 괜한 걱정을 할 수도 있으니 "나 이제부터 메시지 확인 횟수를 줄일 거야." 하고 미리 말해두면 문제없겠죠.

답이 없는 상대에게 일방적으로 메시지를 보내기는 어려울 테니 친구도 연락하는 횟수를 자연스레 줄일 겁니다.

식사 후에 정해진 시간에만 메시지를 확인하고 용건만 간단히 전달하기로 하는 등 자기만의 규칙을 만들어두면 좋겠지요.

8.
남의 시선을 의식하는 건
비정상일까?

전철이나 버스를 탔을 때, 거리에서 쇼핑하거나 카페에서 차를 마실 때 '왠지 누가 나를 쳐다보는 것 같다'라고 느낀 적 없나요?

대부분 그런 경험이 있지 않을까 싶은데요. 인터넷에서 '남의 시선이 느껴진다' 같은 키워드로 검색하면 '사회 불안 장애' 등의 병명이 나올지도 모릅니다. '헉! 내가 병에 걸린 걸까?' 하고 걱정하는 사람도 있을 테지요.

미국 오하이오주립대학의 제인 코트렐Jane Cottrell은 초등학교 6학년 학생 68명과 대학생 67명에게 '아무도 보지 않는데 누가 나를 쳐다본다고 느낀 적이 있는지' 물어보았습니다(도표4).

'자주 느낀다' '한 번도 느낀 적 없다'라고 응답한 사람은 그

　　　　　　　　　　　　　　　内 마음이 왜 이럴까?

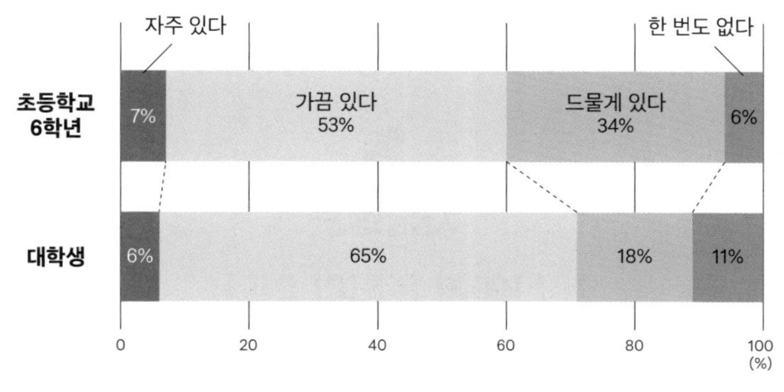

리 많지 않았습니다. 약 80퍼센트 사람들이 누군가가 자신을 쳐다본다고 느낄 때가 '가끔' 혹은 '드물게' 있다고 답했습니다. 남의 시선을 느끼는 것은 지극히 평범한 일이라는 결과죠. 그러니 누군가의 시선을 의식한다고 해서 사회 불안 장애나 질병이 있는 것은 아니니 걱정하지 마세요.

물론 남의 시선이 신경 쓰여 집 밖으로 한 발짝도 나가지 못한다거나 불안이나 공포를 느껴 땀이 비 오듯 쏟아지는 등 일상생활에 지장을 줄 정도라면 멘탈 클리닉을 찾아가 한번 상담을 받아보기를 권합니다.

9.
사람들은
나에게 관심이 없다

우리는 주위 사람들이 나에게 주목한다고 느끼는 경향이 있습니다. 혹시 얼굴에 여드름이 났을 때 '창피해. 다들 내 얼굴을 보고 있어'라고 생각한 적 없나요? 미용실에서 앞머리를 너무 짧게 잘라버렸을 때는 '지나가는 사람들이 나를 보고 웃을 거야'라고 생각하지는 않나요?

하지만 걱정하지 않아도 됩니다. 사람들 머릿속은 자기 일만으로 가득 차 있어요. 남의 일은 별로 신경 쓰지 않습니다. 사실은 거의 아무도 쳐다보지 않을 거예요.

미국 코넬대학의 토머스 길로비치Thomas Gilovich는 대학생들에게 왕년의 인기 가수 '베리 매닐로우'의 얼굴 사진이 큼지막하

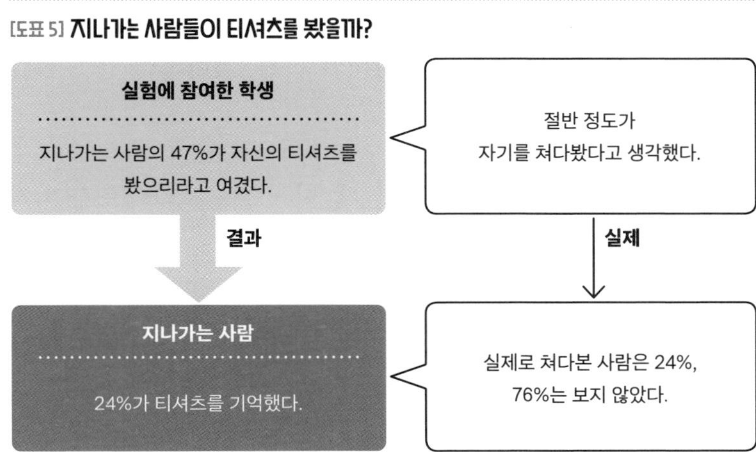

(참고 자료: 토머스 길로비치의 실험 결과)

게 들어간 티셔츠를 입히고 캠퍼스 안을 돌아다니게 하는 실험을 진행했습니다(도표 5).

학생들이 돌아왔을 때 '지나가는 사람 중에 몇 퍼센트가 자신의 티셔츠를 봤다고 생각하는지' 물어보았습니다. 본인이 너무 튀는 티셔츠를 입었다고 생각한 학생들은, 약 47퍼센트의 행인이 자신의 민망한 티셔츠를 기억할 것이라고 예상했습니다.

그런데 참가자들이 캠퍼스 안을 돌아다닐 때 실험 도우미가 몰래 뒤따라가 지나가는 사람들을 만날 때마다 "방금 옆에 지나간 사람의 티셔츠를 봤나요?" 하고 확인했더니 24퍼센트만이 티셔츠를 기억해 냈습니다. 그러니까 70퍼센트의 사람들은 처다보지 않거나 처다보더라도 크게 신경 쓰지 않았다는 뜻이죠. 그런데도 우리 중 절반 가까이가 나를 '처다본다'고 느끼는 겁니다.

뭔가 신경 쓰이는 부분이 있을 때, 마치 스포트라이트가 비치는 것처럼 특별히 본인만 눈에 띈다고 오해하기 쉽습니다. 길로비치는 이 같은 심리 현상을 '스포트라이트 효과'라고 이름 지었습니다.

그런 생각에 빠져 있는 사람들은 아마 자의식 과잉 상태가 아닐까 싶어요. 옷에 조금만 주름이 지거나 얼룩이 묻어도 모두에게 무시당한다고 느끼고, 얼굴에 작은 뾰루지라도 생기면 다들 자신에게 주목한다고 생각하지요.

하지만 그건 자기만의 착각입니다. 남들은 그렇게 세세한 부분까지 보지 않아요. 그러니 '사람들이 쳐다봐서 창피하다'라고 느낄 필요가 전혀 없습니다. 그저 단순한 스포트라이트 효과일 뿐이니까요.

어른들도 그렇지만 사춘기인 여러분 나이 때에는 스포트라이트 효과를 훨씬 더 많이 느낄 텐데요. 누가 나를 쳐다보는 것 같아 신경이 쓰이더라도 '나만의 착각'이라는 사실을 명심하세요.

10.
인싸는
괴롭다?

여러분은 인기쟁이가 되고 싶나요?

'저 친구처럼 되고 싶어.' 하고 부러워하거나 '아니, 왜 쟤만 관심받는 건데.' '사람들이 쟤를 좋아하는 이유를 모르겠어.' 하고 질투를 느낄 때가 있을지도 모르겠습니다.

대부분의 사람들은 막연하게 인기가 많은 사람은 행복할 거라고 여기는데요. 조사해 보니 인싸에게도 나름의 고충이 있는 듯합니다.

미국 플로리다대학의 제니퍼 하웰Jennifer Howell은 2012년 대학생을 대상으로 열린 서머스쿨에서 학생들의 네트워크에 관한 연구를 진행했습니다. 유럽, 미국, 호주에서 온 65개 대학의 학생들이 한자리에 모였는데요. '다양한 나라의 사람들과 친구가 되자'라는 목적으로 개최된 서머스쿨에서 '친구가 많은 사람은 누구인지' '무리의 중심에 있는 사람은 누구인지' 등을 조사했습니다.

그리고 서머스쿨이 끝나고 2개월이 지난 시점에 실시한 조사에서 무리의 중심에 있는 사람(인싸)일수록 감기나 독감에 잘 걸린다는 사실을 확인했습니다.

왜 그럴까요? 많은 사람이 모이다 보니 사람들과 접촉하는 횟수가 많아 정신적으로 지치기 때문이에요. 다양한 사람들과 나누는 대화는 즐겁기도 하지만 에너지를 많이 소모해야 하는 일입니다. 그래서 신체 면역기능이 떨어져 감기와 같은 질병에 걸릴 위험이 커지는 것이죠.

인기가 많다고 무조건 좋은 면만 있는 것이 아니라 단점도 있다는 사실을 기억하세요. 인싸는 인싸대로 꽤 피곤하답니다. 다들 고민과 문제를 안고 살아가지요.

여러분은 어쩌면 'SNS 팔로워 수가 더 늘었으면 좋겠다'라고 생각할지 모르겠습니다. 만약 팔로워가 많아져서 인기가 올라가면 여러 사람의 주목을 받고 인기도 많아질 거예요. 하지만 그건 그것대로 힘들 겁니다. 인기를 얻으면 악플이 달리기도 하고 한번 얻은 인기가 떨어질까 봐 내키지 않는 일을 억지로 하게 되는 경우도 생길 테니까요.

생각하기 나름이지만 '인기가 없는 것은 어쩌면 오히려 다행'
일 수도 있습니다.

11.
롤모델을 따라 하면 롤모델이 된다

'근묵자흑近墨者黑'이라는 말이 있습니다. '먹을 가까이하면 검게 물든다'라는 뜻으로 우리의 말투나 생활 습관, 취미, 태도는 주변 사람의 영향을 받는다는 말이지요.

여러분은 친구를 사귈 때 그다지 깊이 생각하지 않겠지만, 어떤 친구와 어울리는지에 따라 여러분의 인생이 180도 바뀐다고 할 만큼 친구 선택은 중요합니다.

독일 포츠담대학의 야니스 융Janis Jung은 6~15세의 아동과 청소년 1,657명을 대상으로 그들이 어떻게 성장해 가는지 5년 동안 추적 조사를 진행했습니다. 이 연구에서는 응답자가 어떤 친구와 어울리는지도 함께 조사했는데요. 응답자가 나쁜 친구

내 마음이 왜 이럴까?

와 어울린 경우, 5년 뒤에 응답자의 반사회적인 행동(교칙 위반, 절도, 기물 파손 등의 행위)이 증가했다는 사실을 알 수 있었습니다. 다른 연구를 하나 더 소개할게요.

미국 캘리포니아대학 버클리캠퍼스의 조지 애컬로프^{George Akerlof}에 따르면 10대 소녀의 경우 주변에 임신한 친구가 있다면 자신도 임신하게 될 가능성이 높아진다고 합니다.

우리는 자기도 모르는 사이에 친구가 하는 행동을 모방합니다. 심리학에서는 이런 현상을 '전염 효과'라고 합니다. 전염 효과는 무의식적으로 일어나기 때문에 막을 수 없습니다. 피할 수 없다면 아주 긍정적인 감염 효과를 노리는 것이 좋겠지요.

공부를 더 잘하고 싶다면 학교에서 제일 공부 잘하는 친구에게 "나랑 친구 하자!"라고 해보세요. 운동을 더 잘하고 싶다면 운동을 잘하는 친구나 선배와 친해지면 되고, 인싸가 되고 싶다면 누구에게나 스스럼없이 말을 건네는 친구에게 친하게 지내고 싶다고 말해보는 겁니다. 본인의 롤모델을 한 명 정해서 그 사람처럼 행동하려고 해보세요. 그러면 스스로 변화하려고 애쓰지 않아도 점점 그 사람과 비슷한 방향으로 바뀌게 됩니다. 어느샌가 본인이 원하는 모습에 가까워져 있을 거예요.

'맹모삼천^{孟母三遷}'이라는 말을 알고 있나요? 옛날 중국에 맹자라는 아주 훌륭한 인물이 있었어요. 어린 시절 공동묘지 근처에 살았던 맹자는 매일 장례식 흉내만 내면서 놀았지요. 그 모습을 본 맹자의 어머니는 '이대로는 안 되겠다!' 싶어 맹자를 데리고 시장 근처로 이사를 갔습니다. 그런데 이번에는 맹자가 물건 파는 장사꾼 흉내만 내는 거예요. '이것도 안 돼!'라고 생각한 맹자 어머니는 학교 근처로 이사를 했습니다. 그러자 마침내 맹자는 이전과 다른 사람이 된 것처럼 학문에 몰두하게 되었어요. 그래서 맹자의 어머니가 세 번이나 이사를 했다는 의미로 '맹모삼천'이라는 고사성어가 생긴 것이지요.

아이들 교육에는 환경이 중요하다는 가르침인데요. 이것은 어른에게도 해당하는 이야기입니다.

맹자와 같은 위인도 어린 시절에는 주위 환경의 영향을 받았습니다. 하물며 우리는 더하겠지요. 그러니 친구는 신중하게 선택하기 바랍니다.

  내 마음이 왜 이럴까?

12.
가족이 행복해지는
아주 작은 루틴의 힘

습관처럼 정해진 활동을 하는 것을 '루틴'이라고 합니다. 스포츠 선수가 경기를 뛰기 전에 정해진 식사를 하고 일정한 방식으로 몸풀기 하는 것을 루틴이라고 할 수 있지요.

여러분 가족에게도 함께 하는 루틴이 있나요? 이를테면 아침 식사는 다 함께 먹기, 연휴 때 캠핑 떠나기, 주말에 함께 배드민턴 치기, 1년에 한 번씩 가족사진 찍기, 생일 축하 메시지 보내기, 새해에는 다 같이 해돋이 보러 가기 같은 것 말이에요. 이런 루틴을 하나라도 가지고 있다면 굉장히 화목한 가족이라고 할 수 있습니다.

미국 시러큐스대학의 바버라 피즈^{Barbara Fiese}는 가족의 루틴에 관한 32건의 연구를 정리하여 종합적으로 다시 분석했습니다. 그 결과 특별한 루틴이 있는 가족일수록 다음과 같은 긍정적인 변화를 많이 얻을 수 있다는 사실을 확인했습니다.

① 아이의 고민이 줄어든다.

② 학업과 성장 면에서 안정적인 모습을 보인다.

③ 부부의 만족감이 높아진다.

가족이 다 함께 무언가를 하는 것은 심리학적으로 긍정적인 면이 많습니다. 예전에는 온 가족이 모여 함께 식사하거나 아

이들이 부모님을 도와 모내기나 잡초 뽑기를 하는(시켜서 했겠지만) 것이 당연한 일상이었습니다. 반강제적이기는 했지만 가족의 루틴이 있었지요. 물론 루틴에 얽매여 힘들기도 했겠지만 심리적으로는 아주 끈끈한 유대감이나 연결고리가 있었을 거예요.

그런데 요즘은 가족이 한데 모여 저녁 식사를 하거나 거실에서 화목하게 대화를 나누는 일이 드문 풍경이 되었지요. 자기 방에 틀어박혀 각자 좋아하는 일을 하는 것이 일반적인 모습이 되었습니다. 가족이라기보다는 동거인에 가깝다고 할까요?

"자식은 부모를 선택할 수 없다"라는 말처럼 여러분이 원한 것은 아니지만 소중한 인연으로 부모님을 만나게 되었으니 우리 가족만의 루틴을 가져보는 것도 좋을 듯합니다. 사춘기인 여러분은 '부모님과 뭔가를 같이 하는 건 싫다'라는 마음이 클 거예요. 그래도 싫어하지만 말고 부모님과 함께 할 수 있는 일을 찾아보세요.

그동안 자녀와 대화가 많지 않았던 부모님들도 일상에서 쉽게 할 수 있는 일을 찾아서 루틴으로 만들어보면 어떨까요? 아이가 싫어한다면 부부만 먼저 시작해도 괜찮습니다.

계속하다 보면 서로 하고 싶은 말을 꺼내놓게 되고 가족 분위기도 화기애애해질 거예요.

2장

'연애와 성'으로 배우는 심리학

13.
외모에 대한
남녀의 생각 차이

남성은 여성에 대해 '잘못된 선입견'을 가지고 있습니다. 마찬가지로 여성도 남성에 대해 잘못된 선입견을 품고 있는 경우가 적지 않죠. 그러니 결국은 서로가 오해를 하고 있는 셈입니다. 이를테면 외모에 관한 생각이 그렇습니다.

남성들은 여성들이 '축구선수 크리스티아누 호날두처럼 울끈불끈한 근육질 남자를 좋아해'라고 생각합니다. 철석 같이 그렇게 믿고 상반신 근육을 길러서 역삼각형 몸매가 되려고 죽기 살기로 노력하죠. 그런데 과연 여성들이 그런 근육질 남성을 좋아할까요?

미국 캘리포니아대학 로스앤젤레스 캠퍼스의 데이비드 프레

더릭David Frederick은 상반신을 노출한 남성 모델의 원본 사진을 역삼각형의 근육질 몸부터 빈약하고 볼품없는 몸까지 6단계로 수정한 다음 이것을 141명의 여자 대학생에게 보여주었습니다. 여섯 장의 사진 가운데 어떤 체형이 가장 멋져 보이는지 물었더니 많은 남성의 예상을 뒤엎는 결과가 나왔습니다. 여성들은 근육질 남성보다 적당한 체형을 가진 남성이 더 매력적이라고 대답했어요.

'인기남이 되려면 부지런히 몸을 만들어야 해!'라고 의욕을 불태우면서 열심히 운동하는 남성들도 있을 텐데요. 안타깝게도 여성들은 근육질 남성을 그다지 좋아하지 않습니다. 근육 단련 운동을 하더라도 적당한 수준이면 충분합니다.

비슷한 오해는 여성도 하고 있지요. '남자들은 가슴이 큰 여자를 좋아한다'라고 생각합니다. 그런데 실제로는 그렇지 않아요.

미국 센트럴플로리다대학의 스테이시 탄틀레프 던Stacy Tantleff-Dunn은 사람들에게 한 여성이 직업 선택 인터뷰를 하는 영상을 찍어서 보여주고 여성을 어떻게 생각하는지 평가해 달라고 요청했습니다. 다만 실험 영상에 나오는 여성에게 각각 크기가 다른 브래지어를 착용하게 했는데요. 영상을 본 사람들은 여성에 대해 어떤 평가를 내렸을까요?

여성 시청자들은 실험 모델인 여성이 큰 사이즈의 속옷을 착용했을 때 가장 좋은 평가를 내렸습니다. 반면 남성 시청자들은 그렇지 않았습니다. 평범한 사이즈의 속옷을 착용했을 때 가장 좋은 평가를 내렸습니다.

우리가 예상했던 것과는 사뭇 다른 실험 결과죠? 이렇듯 우리 모두는 이성에 대해 어느 정도 선입견을 갖고 있습니다. 특히 외모에 대해 그렇죠. 사람들의 선입견에 자신을 맞추려 하지 말고 자신만의 개성과 특성을 소중하게 여기는 것, 그것이 진짜 아름다운 사람이 되는 길이랍니다.

14.
콤플렉스를 느낀다면
관련 데이터를 확인하자

남성 중에는 성기가 남들보다 작아서 콤플렉스를 느끼는 사람들이 있습니다. '이렇게 작아도 괜찮을까?' 하고 고민하는 사람들이 생각보다 많지요.

하지만 그런 일로 고민할 필요는 전혀 없습니다. 앞서 '남성도 여성도 착각하고 있다'라고 이야기했는데요. 성기 크기에 대해서도 마찬가지로 오해하는 부분이 있어요.

호주국립대학의 브라이언 마우츠Brian Mautz는 남성의 알몸 일러스트를 105명의 여성에게 보여주고 얼마나 매력을 느끼는지 물어봤습니다. 이때 남성의 성기 크기에 차이를 두었는데요. 여성들은 남성의 성기 크기에 생각만큼 신경 쓰지 않았습니다. 성기가 크다고 해서 더 매력적이라고 느끼지 않았다는 것이죠. 성기 크기는 평균 수준이면 됩니다. 다시 말해서 성기 크기로 고민할 필요는 없다는 뜻입니다.

이 밖에도 여러 부분에서 콤플렉스를 느끼고 있는 사람들이 많을 거예요. 사춘기 때는 특히 더 그렇죠. 그럴 때는 '반드시 통계를 찾아보는' 습관을 들여보세요. 정확한 사실이나 데이터를 찾아보는 겁니다. 그렇게 하면 자기 생각이 틀렸거나 고정관념이었다는 사실을 깨닫고 '아, 나는 평범하구나.' 하고 안심하게 되니까요.

남성들뿐만 아니라 여성들도 마찬가지입니다. 여성들은 '나는 너무 뚱뚱해'라고 느끼는 사람도 적지 않을 텐데요. 이 문제뿐만 아니라 외모와 관련된 이런저런 고민으로 힘들다면 즉시 통계 데이터를 찾아보세요. 제가 시험 삼아 인터넷으로 '열세 살' '여자' '몸무게' '평균' 등의 키워드를 쳐서 조사했더니 13세 0개월일 경우의 평균 몸무게는 46.7킬로그램, 표준편차는 8.4킬로그램이라는 데이터를 발견했습니다.

'표준편차'가 무엇인지 궁금하죠? 통계 데이터에 자주 나오는 용어이니 기억해 두면 좋겠어요. 표준편차는 데이터가 평균값에서 얼마나 떨어져 있는지를 보여주는 지표를 말합니다. 값이 작을수록 데이터는 평균 주위에 밀집해 있고, 값이 클수록 데이터는 평균에서 멀리 퍼져 있다는 뜻이죠.

그러니까 제가 찾아본 데이터를 분석해 보자면 대부분의 사람들이 '평균±표준편차' 범위에 해당한다는 뜻입니다. 즉 '보통 사람에 속하는 범위'는 평균과 표준편차로 알 수 있습니다. 위의 예시로 말하자면, 몸무게가 38.3킬로그램에서 55.1킬로그램 사이에 해당하는 사람은 아주 평범한 수준이니 전혀 걱정할 필요가 없다는 사실을 알 수 있죠.

참고로 13세 11개월의 평균 몸무게는 49.3킬로그램이고 표준편차는 8.1킬로그램이었습니다. 즉 자기 몸무게가 41.2킬로그램에서 57.4킬로그램 사이에 속한다면 너무 뚱뚱하지도, 너무 마르지도 않았다는 뜻으로 '매우 평범'하다는 뜻이에요.

여기에서는 13세를 기준으로 예를 들어 이야기했는데 독자 여러분의 나이로 각각 평균과 표준편차를 알아보세요.

우리는 제멋대로 착각하고 이런저런 콤플렉스를 느끼는 일이 많습니다. 그럴 때는 바로 데이터를 확인하는 습관을 길러 두세요. 내가 평범한, 일반적인 사람이라는 사실을 알게 될 테니까요.

15.
'남자다움'과 '여자다움', 정말 존재할까?

아들을 둔 부모들은 "우리 아이는 에너지가 넘쳐서 자꾸 돌아다녀 걱정이에요"라고 말합니다. 딸을 둔 부모들은 "우리 아이는 얌전하게 있을 때가 많아요. 여자아이라서 그런가 봐요"라고 하지요. 하지만 이것은 부모의 고정관념인지도 모릅니다.

미국 뉴욕대학의 에밀리 몬드셰인 Emily Mondschein 은 어린 아기 (평균 생후 11개월)를 키우는 가족을 모집해 아기와 엄마를 대상으로 실험을 진행했습니다.

경사도를 다양하게 바꿀 수 있는 미끄럼대에 아기를 올려놓고 위에서 기어 내려오게 했는데요. 물론 아기가 떨어져도 다치지 않도록 미끄럼대 주위에는 부드러운 쿠션을 깔아두었습니다.

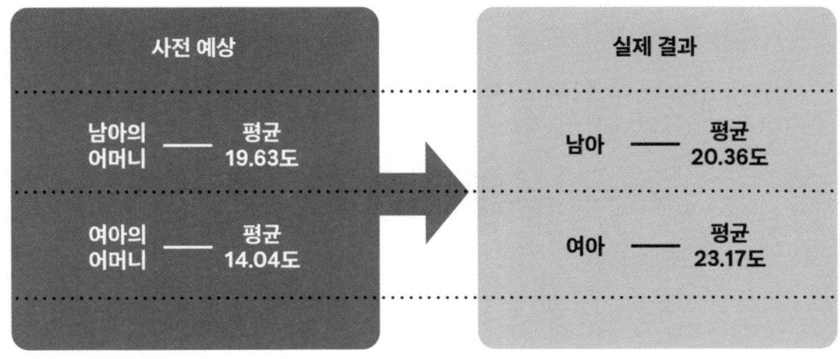

(참고 자료: 에밀리 몬드세인의 실험 결과)

실험을 시작하기 전 어머니들에게 아기가 어느 정도의 각도까지 기어서 내려올 수 있을지 기대치를 물었더니 남아의 어머니는 평균 19.63도, 여아의 어머니는 평균 14.04도로 예상했습니다(도표 6).

그런데 실제로는 여아가 평균 23.17도의 바닥을 기어서 내려갔고 남아가 기어 내려간 각도는 평균 20.36도였습니다. 이 실험에서는 부모의 예상과 달리 남자아이가 비교적 겁이 많고 여자아이가 대담했다고 할 수 있죠.

우리는 태어날 때의 외모나 특징에 따라 '남자'와 '여자'로 나뉘고, '남자다움'과 '여자다움'을 강요받을 때가 있습니다.

"여자아이이니까 빨간색이나 핑크색을 좋아할 거야. 소꿉놀이

[도표 7] 성에 대한 4가지 개념

마음의 성	몸의 성
자신의 성별을 어떻게 생각하는지. 남·여 양쪽 다, 모르겠다, 정하고 싶지 않다 등	태어났을 때의 모습이나 특징.
성적 지향	**젠더 표현**
연애의 대상. 남자가 좋다, 여자가 좋다, 양쪽 다 좋다, 좋아하는 성별이 그때그때 다르다 등	외모나 옷차림. 머리가 긴지 짧은지, 바지를 입는지 치마를 입는지, 화장을 하는지, 남성어를 쓰는지 여성어를 쓰는지

(참고 자료: 《'평범'한게 뭘까? LGBT에 대해 알게 되는 책》, 도노가야 미유키)

나 인형 놀이하는 게 좋겠지?"

"남자아이니까 파란색이나 초록색을 좋아하겠지. 로봇이나 자동차를 선물하면 되겠다."

여러분은 어떻게 생각하나요? 이 말에 동의하는 사람도 있을 테고, 반대로 여자아이가 파란색과 로봇 장난감을 좋아하고 남자아이가 핑크색이나 인형 놀이를 좋아할 수도 있다고 생각하는 사람도 있을 테지요.

성별을 예로 들면, 예전만 해도 남성과 여성 어느 한쪽이라고 답하는 사람이 대부분이었습니다. 하지만 최근에는 성의 개념을 '마음의 성' '몸의 성' '성적 지향' '젠더 표현' 네 가지 요소로 생각합니다(도표 7). 사람마다 어떤 요소가 더 강한지 다르고, 겉

　　　　　　　　　　　　　　　　　　　　　내 마음이 왜 이럴까?

으로 봐서는 알기 어려울 정도로 매우 다양합니다.

자신들의 성을 긍정적으로 받아들이는 표현으로 사용한 것이 LGBT라는 용어입니다. LGBT는 레즈비언[Lesbian], 게이[Gay], 양성애자[Bisexual], 성전환자[Transgender]를 가리키는 말로 '성소수자[Sexual Minority]'를 총칭하는 의미로도 쓰입니다. 사회적으로 LGBT에 대한 이해가 높아지고 있지만 이에 반대하는 나라도 있습니다.

우리는 태어난 아기들의 겉모습만 보고 '남자니까 이럴 거야' '여자니까 이렇겠지'라고 판단하기 쉽습니다. 아이의 모습을 있는 그대로 바라보는 듯하지만 사실은 자신의 고정관념이 가득한 필터로 잘못 보고 있을 때가 많지요.

몸은 남성인데 마음은 여성이고, 연애는 여자와 하면서 외모를 꾸밀 때는 화장하고 치마를 입는 것이 자기답다고 느끼는 남성도 있습니다. 그런가 하면 몸도 마음도 여성이고 성별에 상관없이 현실 세계에서 연애하기 힘들어 2차원 캐릭터와 사랑에 빠지면서 겉모습은 너무나 평범한 여성도 있지요.

실제로 성별 구분은 매우 다양해서 주위 사람들이 봐서는 판단하기 어려워요. 자기 자신이 어떻게 느끼는지가 중요합니다.

16.
왜 우리는 날씬함에
집착할까?

여성들에게 '자신의 체형에 대해 어떻게 생각하는지' 한번 물어 보세요. 아마도 '너무 뚱뚱하다'라고 대답하는 여성들이 의외로 많을 겁니다. 여성들은 자신의 체형에 만족하지 않는 경우가 많습니다.

제가 가르치는 대학생들도 날씬하다 못해 너무 말랐다고 할 정도인데요. 대체 어디가 뚱뚱하냐고 되물어도 소용없습니다. 본인이 '뚱뚱하다'라고 느끼고 있으니 옆에서 아무리 '뚱뚱하지 않다'라고 해도 그 말은 들으려고도 하지 않습니다.

미국 텍사스대학의 로런스 콘Lawrence Cohn은 아주 날씬한 체형 부터 살찐 체형까지 단계별로 여러 실루엣을 준비해 대학생들에게 보여주고 자신의 체형과 가장 비슷한 것을 고르게 했습니다. 그런 다음 자신이 원하는 이상적인 체형과 가장 비슷한 실루엣도 고르도록 했지요. 결과는 어땠을까요?

남성은 실제 자신의 체형과 원하는 체형 사이에 거의 차이가 없었습니다. 반면 여성은 현실과 이상에 큰 차이가 있었어요. '가장 마른 체형이 이상적'이라고 답한 겁니다.

이상적인 체형을 꼽을 때는 남성의 34퍼센트가 '살을 더 빼고 싶다', 36퍼센트가 '살을 더 찌우고 싶다'를 선택한 데 비해, 여성은 거의 100퍼센트가 '살을 더 빼고 싶다'를 골랐습니다.

여성들은 왜 그렇게 날씬하고 싶어 할까요? 아마도 미디어의 영향이 크게 작용하지 않나 싶습니다. 모델이나 연예인들은 모두 날씬하잖아요. 통통한 연예인도 있지만 대부분 개그맨인 경우가 많죠. 이런 대중매체를 매일 접하다 보면 은연중에 '나도 모델 ○○처럼 날씬해져야 해'라는 생각을 하게 됩니다.

앞에서 '평균과 표준편차'에 대해 설명했듯이 데이터로 따져 보면 뚱뚱하지 않은 여성이 많아요. 그러니 미디어에 비치는 모습을 너무 따라가려고 하지 마세요. 연예인이나 모델은 어디까지나 '예외' 상황이고 현실에서는 건강에 문제만 없다면 그렇게까지 살을 뺄 필요가 없답니다.

17.
부모를 닮은 사람에게 끌린다고?

우리는 낯익은 얼굴에 친근함과 애정을 느낍니다. 어릴 적부터 보아온 익숙한 얼굴이라면 부모님을 꼽을 수 있겠죠. 그래서일까요? 우리는 무의식중에 부모와 닮은 사람에게 호감을 느낀다고 합니다. 부모님 얼굴을 별로 좋아하지 않는다는 사람도 있겠지만, 심리학 연구를 통해 이 사실은 입증되었지요.

영국 세인트앤드루스대학의 데이비드 페렛^{David Perrett}은 부모가 비교적 나이가 있을 때 태어난 아이는 어릴 때부터 '나이 든 얼굴'을 익숙하게 보고 자랐으니 젊은 얼굴보다 나이 든 얼굴에 매력을 느낄 것이라는 가설을 세웠습니다. 그리고 이 가설을 검증하기 위해 실험 참가자들에게 다양한 연령대의 얼굴 사진을 보여주고 '데이트 상대로 매력을 느끼는 사람'을 고르도록 했지요. 이와 함께 참가자들이 태어났을 때 부모님의 나이도 조사했습니다.

그 결과 남성과 여성 모두 부모의 나이가 많을 때 태어난 사람은 자신보다 나이가 꽤 많은 나이 든 얼굴을 선택한다는 사실을 확인했습니다.

페렛에 따르면 부모가 비교적 젊은 나이일 때(30세 이전) 태어난 자녀는 젊은 얼굴에, 부모의 나이가 비교적 많을 때(30세 이후)

태어난 자녀는 나이 든 얼굴에 각각 매력을 느꼈다고 합니다.

흥미로운 연구를 하나 더 소개할게요. 미국 럿거스대학의 로리 러드먼^{Laurie Rudman}은 "뚱뚱한 부모 아래에서 자란 사람은 살찐 사람을 싫어하지 않을 것이다. 본인의 부모와 체형이 비슷하기 때문이다"라는 가설을 세웠습니다.

실제로 조사해 봤더니 예상대로였습니다. 뚱뚱한 어머니에게서 자란 남성은 통통한 여성에게 호감을 느꼈고 뚱뚱한 아버지를 둔 여성도 살집이 있는 남성을 좋아한다고 응답했죠.

부모님을 싫어하는 사람도 있겠지만 실제 데이터에 따르면 어린 시절부터 늘 보던 낯익은 얼굴과 체형에 친근감을 느끼고 좋아하게 된다고 하니, 친숙함과 익숙함의 힘이 대단한 것 같네요.

18.
하얀 피부가 정말
좋은 인상을 줄까?

일본에서는 예전에 '간구로ガングロ'라고 불리는 젊은 여성들이 넘쳐나던 시절이 있었습니다. 열심히 태닝 숍을 다녀서 피부를 새까맣게 태우고 머리는 금발이나 오렌지색으로 탈색한 데다 얼굴에는 펄이 들어가거나 진한 아이섀도를 바르는 간구로 패션이 젊은 여성들 사이에서 유행한 적이 있지요.

요즘은 '미백'이 유행입니다. 심리학적인 관점으로는 이런 것이 일시적인 유행이라기보다 인간의 본질적인 취향이라고 할 수 있습니다.

역사를 살펴봐도 유럽의 귀족은 모두 피부가 하얘지려고 경쟁했고 일본에서도 여성들은 모두 얼굴에 하얗게 분칠을 했지요.

여기에서 한 가지 의문이 생깁니다. 왜 여성들은 하얀 피부를 만들려고 노력하는 걸까요? 여러 가지 이유가 있겠지만, 하얗고 깨끗한 피부가 좋은 인상을 준다고 생각해서일 수도 있고, 다양한 메이크업과 패션을 소화하는 데 도움이 된다고 느껴서이기도 합니다.

여기에서 또 한 가지 의문이 떠오릅니다. 정말 사람들은 피부가 흰 여성을 좋아할까요?

미국 캘리포니아대학의 빌라야누르 라마찬드란Vilayanur Ramachandran에 따르면 하얀 피부가 그 사람의 건강 상태와 연결되기 때문에 사람들이 하얀 피부를 선호한다고 하는데요. 여성이 건강해야 건강한 아이도 태어나기 때문이라는 것이죠.

피부가 하얀 경우 치아노제Zyanose(혈액 내 산소 부족으로 입술과 손톱 밑이 검푸르게 변하는 현상 - 옮긴이)나 황달 등을 발견하기 쉬우니 그 사람의 건강 상태를 바로 알 수 있지요. 어딘가 몸이 좋지 않은 사람은 전체적으로 피부가 거무스름하거나 누렇게 변하기 쉽다는 점에서 사람들은 하얀 피부를 "나는 건강해요"라는 신호로 받아들인 것입니다.

하지만 이젠 그런 일관된 미의 기준은 사라졌죠. 해변에서 태닝하거나 운동으로 다져진 '건강한' 구릿빛 피부도 너무나 매력적입니다.

19.
짧은 머리보다
긴 머리 여성이 인기가 많다?

남성은 짧은 머리, 여성은 긴 머리. 아직도 우리 사회에는 이런 고정관념이 팽배합니다. 그것이 일반적이라고 생각하지요. 비율로 따져봐도 머리 긴 여성이 머리 긴 남성보다 훨씬 많습니다. 왜 여성들은 머리를 기르는 것일까요? 왜 어떤 사람들은 여성의 머리가 길어야 한다는 선입견을 갖고 있는 걸까요?

머리카락을 기른다는 건 그만큼 영양 상태가 양호하고 좋은 유전자를 가지고 있다는 증거라고 할 수 있습니다. 실제로 영양 상태가 나빠지면 몸에서는 머리카락보다 체내의 다른 곳에 영양분을 사용하려고 하기 때문에 머리카락에 윤기가 사라지고 푸석푸석해져 버리죠. 이것이 사회적으로 머리 긴 여성을 선호하거나 그런 여성의 외모가 당연하다고 생각하게 된 이유입니다.

다시 말해 진화학의 관점에서 볼 때 머리카락이 풍성하고 찰랑찰랑 윤기가 흐르는 긴 머리의 여성이 남성 입장에서는 매우 건강해 보이고, 따라서 그런 여성에게 성적 매력을 느끼도록 진화해 왔다는 것이지요.

이는 인간뿐 아니라 동물의 세계에서도 마찬가지인 듯합니다. 영양 상태가 나빠서 병에 걸리기 쉬운 암컷은 털에 윤기가 없어지고, 수컷은 그런 암컷에게는 가까이 다가가려 하지 않는다고 해요.

헝가리 페치대학의 노르베르트 메스코Norbert Mesko는 머리카락 길이가 각각 다른 여성의 사진을 남성들에게 보여주고 여성에 대한 인상이 어떻게 바뀌는지 알아보았습니다. 그 결과 중간 길이부터 긴 머리의 여성이 젊고 건강하고 매력적인 인상을 준다는 사실을 확인했습니다.

하지만 무조건 머리를 길러 늘어뜨린다고 좋은 건 아닙니다. 자신이 어떤 헤어스타일을 좋아하는지가 가장 중요하죠. 머리카락 상태도 헤어스타일을 결정하는 데 큰 영향을 미칩니다. 오랜 기간 많은 여성의 머리를 손질해 온 미용사에 따르면 머리카락 상태로 그 사람의 영양 상태나 피로도, 생활 습관까지도

훤히 알 수 있다고 합니다.

긴 머리냐 짧은 머리냐가 중요한 것이 아니라, 자기 자신의 삶을 건강하게 지키기 위해 규칙적인 식습관으로 영양을 충분히 공급하고 관리를 잘하는 게 더 중요하다는 사실, 잊지 마세요.

20.
이성 관계는 서두르지 말고
여유 있게 천천히!

사춘기 때는 이성에 관심이 많아집니다. 저마다 휴대전화를 한 대씩 가지고 있으니 성性과 관련된 콘텐츠도 쉽게 접할 수 있죠. 이성이나 성에 호기심이 생기는 건 인간으로서 당연한 일입니다. 하지만 아직 학생인 만큼 성과 관련된 문제는 조금 더 신중하고 조심스럽게 접근해야 합니다.

미국 캘리포니아대학의 앤드루 갤페린Andrew Galperin은 남녀 대학생 200명을 대상으로 '최근 몇 년간 가장 후회한 일'이 무엇인지 조사했는데요. 남성과 여성 모두 '가벼운 마음으로 관계를 해버린 일'을 1위로 꼽았습니다. 특히 여성들은 '몹시 후회한다'라는 응답이 많았습니다.

아마 독자 여러분 중에도 이성친구가 있는 경우가 굉장히 많을 거예요. 연애는 경쟁이 아닙니다. '서두르지 말고 조금씩 천천히 알아가자.' 하고 여유로운 마음으로 연애를 즐기는 것이 후회하지 않는 확실한 방법입니다.

잡지나 인터넷에서 볼 수 있는 연애 칼럼, 혹은 미디어에서 보여주는 환상적이고 이상적인 연애 이야기에 너무 현혹되지 않는 것도 중요합니다. 자신의 마음을 조용히 들여다볼 여유 없이 친구들 말만 듣고 분위기에 휩쓸려 이성 친구를 사귀면 후회하는 경우도 많습니다. 자신이 무엇을 원하는지 잘 생각해 보고 건강하고 건전하게 이성 친구를 만났으면 합니다.

우리는 인생을 살면서 많은 후회를 합니다. 특히나 마음에 오래도록 남는 후회는 '공부를 더 열심히 했으면 좋았을 텐데'와 같은 학업에 관한 후회, '가족이나 친구에게 상처 주는 말을 해 버렸다.' 같은 인간관계에 관한 후회, 그리고 섣부른 이성 관계에 관한 후회라는 사실을 기억해 두세요.

21.
외모가 전부는 아니야

'난 얼굴이 못생겨서 평생 여자 친구도 안 생길 거야.'

'나 같은 얼굴을 좋아해 주는 사람은 아무도 없겠지.'

만약 여러분이 이렇게 생각하고 있다면 "전혀 고민할 필요 없다"라고 말해주고 싶네요.

우리는 사람의 외모가 전부라고 믿기 쉬운데 이건 큰 착각입니다. 외모가 어떻든 아무 상관이 없다는 말은 아니지만, 그보다 더 중요한 게 있죠.

미국 일리노이주립대학의 수전 스프레처 Susan Sprecher 는 사람의 호감도를 결정하는 요소가 무엇인지를 조사했는데요. '사람의 호감도를 판단할 때 중요시하는' 요소 가운데 1위는 '따뜻함

 내 마음이 왜 이럴까?

과 친절함'으로 응답자의 72퍼센트가 이렇게 답했습니다. '인성'이라는 응답도 같은 비율로 1위를 차지했어요.

우리가 누군가에게 호감을 느낄 때 가장 중요하게 보는 부분은 그 사람의 내면입니다. 얼굴이 조금 못생겨도 걱정하지 말라는 제 말의 의미를 이해했나요?

그런데 '외모'가 중요하다는 응답도 51퍼센트를 차지했어요. 외모를 따지는 사람도 적지 않다는 뜻이죠. 그래도 수치만 놓고 보면 성격이 우선순위에 있지요.

세상에는 '외모만으로' 남을 판단하는 사람도 있습니다. 사람을 겉모습만으로 판단하면 시야가 좁아져 삶이 굉장히 지루할 거예요. 이런 사람에게는 굳이 호감을 얻지 못해도 상관없습니다. 이왕이면 내 성격을 이해하고 내 장점을 중요하게 생각해 주는 사람과 친구가 되고 연인이 되고 싶지 않나요? 그런 사람들과 만나야 사귀고 나서도 기분 좋은 관계를 지속할 수 있겠지요.

그래도 외모 때문에 고민이 된다면 헤어스타일을 바꾸거나 다양한 패션을 시도하고 화장법을 연구하는 등 자기 마음에 드는 외모로 가꾸려고 노력해 보세요.

얼굴이 조금 못생겨도 친절하고 배려심이 많아 내면이 풍요롭고 단단한 사람이 동성에게든 이성에게든 인기 만점이라는 사실을 기억하기 바랍니다.

"좋아하는 사람과 무슨 이야기를 해야 할지 모르겠어요"라고 하소연하는 사람에게 좋은 방법을 알려줄게요.

미리 '질문하고 싶은 내용'을 정리해 암기하는 겁니다. 좋아하는 사람 앞에서는 가뜩이나 두근두근 설레고 긴장하게 되잖아요. 이럴 때 질문을 통째로 외워두면 무슨 말을 할지 헤맬 일이 없어요. 그저 외운 내용을 말하기만 하면 되니까요.

개그맨들을 보면 정말 물 흐르듯이 자연스럽게 이야기를 잘하죠. 그런데 사실 개그맨들도 재미난 에피소드를 즉석에서 애드리브로 말하는 것은 아닙니다. 사전에 이야기를 다 암기하고 리허설도 여러 번 거친 다음에 애드리브인 것처럼 말하는 거예요.

갑자기 대화를 잘 이끌어가려 하는 건 정말 어려운 일이에요. 그러니 즉흥적으로 생각나는 말을 뱉으려 하지 말고 무슨 질문을 할지 미리 준비해 두면 좋습니다.

참고로, 서로 질문을 주고받다 보면 친근감이 생기고 상대에게 애정을 느끼게 됩니다. 그러니까 질문하기는 연애할 때도 꽤 효과적인 방법이에요.

미국 뉴욕주립대학의 아서 아론Arthur Aron은 모르는 사람과 짝을 지어 서로 한 가지씩 질문하게 하는 실험을 진행했습니다. 단, 질문할 때는 각자의 생각이 아니라 아론이 미리 작성해 둔 36개의 질문 리스트를 사용하도록 했지요(도표 8).

실험 참가자들은 이런 지침에 따라 그저 질문만 주고받았습니다. 그런데 서로 질문하다 보니 어느새 애정이 싹텄고 놀랍게도 실험에 참여한 그룹 가운데 무려 두 커플이나 결혼에 골인했답니다.

관심이 있으면 마음에 드는 사람에게 "재미있는 실험이 있는데 같이 한번 해보자." 하고 권해 보세요. 좋아하는 사람을 앞에 두고도 머릿속이 새하얘져서 우물쭈물할 걱정은 없으니까요.

실험에 쓰인 36가지 질문에 구애받지 말고 여러분이 묻고 싶은 내용을 미리 외워둔다면 할 말을 생각하느라 진땀 빼는 일도 없겠지요.

진행 방법

- 36개의 질문을 준비한다.
- 한 사람이 질문을 소리 내어 읽고 먼저 대답한 다음 상대방이 대답한다.
- 36개의 질문에 모두 대답한 후 4분 동안 서로를 바라본다.

36가지 질문

1단계

1. 전 세계 누구와도 저녁을 함께 먹을 수 있다면 누구를 초대하고 싶나요?
2. 유명해지고 싶나요? 어떤 방식으로요?
3. 전화를 걸기 전에 할 말을 연습한 적이 있나요? 그 이유는요?
4. 당신에게 '완벽한 하루'는 어떤 날인가요?
5. 마지막으로 혼자 노래를 부른 게 언제인가요? 다른 사람 앞에서 부른 적은요?
6. 만약 당신이 90세까지 살 수 있고 마지막 60년을 30세의 몸 또는 30세의 마음으로 유지할 수 있다면 둘 중 어느 쪽을 택할 건가요?
7. 어떻게 죽을지에 대해 생각해 둔 것이 있나요?
8. 당신과 상대방의 공통점 세 가지를 말해보세요.
9. 인생에서 가장 감사하게 생각하는 일은 무엇인가요?
10. 당신이 자라온 환경을 바꿀 수 있다면 무엇을 바꾸고 싶나요?
11. 4분 동안 당신이 어떤 삶을 살았는지 최대한 자세히 이야기해 주세요.
12. 내일 아침 눈을 떴을 때 한 가지 능력이 생긴다면 어떤 능력이기를 바라나요?

2단계

13. 당신의 미래나 인생을 알려주는 수정구슬이 있다면 무엇을 알고 싶나요?
14. 오랫동안 꿈꿔왔던 일이 있나요? 왜 그 일을 하지 않았나요?
15. 지금까지 삶에서 이룬 가장 큰 성취는 무엇인가요?
16. 친구 관계에서 가장 소중하게 생각하는 것은 무엇인가요?
17. 가장 소중한 추억은 무엇인가요?
18. 가장 끔찍한 기억은 무엇인가요?

19. 1년 안에 갑자기 죽게 된다면 지금까지 살아온 방식을 바꿀 건가요?

    그 이유는 무엇인가요?

20. 당신에게 우정이란 어떤 의미인가요?

21. 당신의 삶에서 사랑과 애정은 어떤 역할을 하나요?

22. 상대방의 긍정적인 특징 다섯 가지를 말해보세요.

23. 당신의 가족은 얼마나 화목한가요? 당신의 유년 시절은 남들보다 행복했다고

    생각하나요?

24. 어머니와의 관계에 대해 어떻게 생각하나요?

3단계

25. '우리'로 시작하는 문장을 세 개 만들어 지금 상황을 묘사해 보세요.

    (예를 들면 "우리는 이 방에 함께 있고 ○○라고 느끼고 있다.")

26. "함께 ○○을 공유할 수 있는 사람이 있었으면 좋겠다"라는 문장의

    빈칸을 채워 완성해 보세요.

27. 상대방과 친한 친구가 된다면 상대가 반드시 알아야 할 중요한 사항을

    말해주세요.

28. 상대방의 좋은 점은 무엇인가요?

    처음 만난 사람에게는 하지 않을 법한 말을 해보세요.

29. 부끄러웠던 경험담을 이야기해 주세요.

30. 마지막으로 다른 사람 앞에서 울어본 것이 언제인가요? 혼자 울었던 적은요?

31. 상대방의 어떤 점이 이미 마음에 들었나요?

32. 농담으로라도 듣고 싶지 않은 말은 무엇인가요?

33. 만약 오늘 밤 아무에게도 말하지 못하고 죽는다면, 누구에게 어떤 말을 하지

    못한 것을 가장 후회할까요? 왜 아직 그 말을 하지 못했나요?

34. 당신의 모든 것이 있는 집에 불이 났습니다.

    사랑하는 사람과 반려동물을 모두 구출한 뒤 마지막으로 한 가지를

    더 가져올 수 있다면 무엇을 가지러 갈 건가요? 그 이유는 무엇인가요?

35. 당신의 가족 중 누구의 죽음이 가장 슬플 것 같나요? 그 이유는 무엇인가요?

36. 개인적인 고민을 이야기하고 상대방에게 조언을 구해보세요.

    그리고 그 문제로 고민하는 당신의 기분이 어떨지 얘기해 보라고 하세요.

(참고 자료: 아서 아론의 실험 결과)

내 마음이 왜 이럴까?

23.
내향형과 외향형,
정말 뇌와 유전자에 차이가 있을까?

여러분은 '내향형'이나 '외향형'이라는 말을 들어본 적이 있나요? 내향형은 집에서 독서, 영화감상 등을 하거나 혼자만의 여유로운 시간을 가지고 취미 생활을 즐기기 좋아하는 타입입니다. 외향형은 적극적으로 외출하고 활동적이며 친구들과 함께 왁자지껄하게 지내기를 좋아하는 타입입니다. 또한 내향형은 감정이나 생각 등 자신의 내면에 집중하는 경향이 있으며, 외향형은 외부에서 일어나는 자극이나 사건, 타인에게 관심을 보이는 경향이 있다고 합니다.

사실 내향형인지 외향형인지는 조금만 이야기해 보면 금방 판별할 수 있습니다. 내향형인 사람은 목소리가 작고 주파수(1초

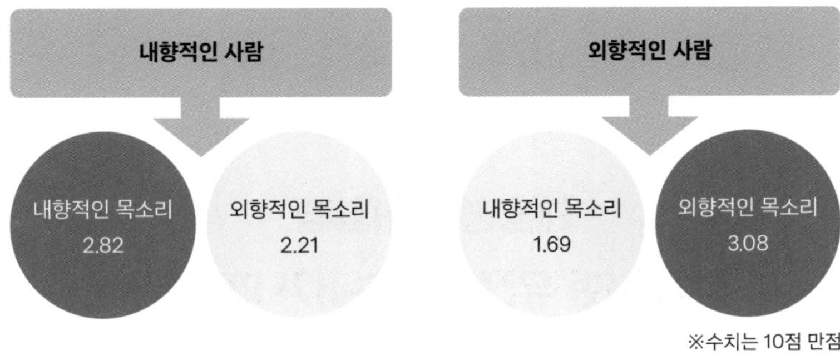

당 진동하는 횟수)가 작다는 특징이 있으며, 외향형인 사람은 목소리가 크고 주파수도 크기 때문에 마치 노래하는 느낌으로 들린다는 특징이 있습니다.

미국 스탠퍼드대학의 클리포드 나스Clifford Nass는 내향형과 외향형으로 그룹을 나누어 각각 내향적인 사람과 외향적인 사람의 목소리를 들려주는 심리 테스트를 진행했습니다. 그리고 그 사람에게 얼마나 호감을 느꼈는지 10점 만점으로 점수를 매기게 했지요(도표 9).

결과를 살펴보니, 내향형과 외향형 모두 자신과 비슷한 유형의 목소리를 선호하는 경향을 보였습니다. 우리는 자신과 비슷한 유형의 사람에게 끌리는 경향이 있거든요.

내 마음이 왜 이럴까?

저는 내향형이라서 큰 목소리로 말하는 사람을 좋아하지 않고 차분한 말투로 말하는 사람에게 호감을 느끼는데요. 양쪽을 칼로 무 자르듯 정확하게 나눌 수는 없겠지만 내향형과 외향형은 뇌와 유전자에 차이가 있다고 알려져 있으니 둘을 구분하는 하나의 판단 기준으로 삼아도 좋겠네요.

24.
길게 보면 조용한
성격이 유리하다

여러분은 밝고 쾌활한 성격에 몸짓과 표정도 풍부하고 사교적인 사람이 더 호감을 산다고 생각하나요? 혹시 내성적인 자신의 모습을 보면서 '나는 활발한 성격이 아니라서 인기가 없어'라고 생각하지는 않나요?

그렇다면 여러분은 잘못 생각하고 있는 겁니다. 물론 밝고 유쾌한 사람은 인기가 많아요. 하지만 처음에만 그럴 뿐이랍니다.

성격이 활발한 사람은 첫인상에서 상당히 좋은 점수를 받아요. 그런데 시간이 갈수록 활발한 사람에게는 실망하기 쉽고 조용한 사람은 서서히 호감을 얻습니다.

캐나다 브리티시컬럼비아대학의 델로이 폴허스^{Delroy Paulhus}는 일주일에 한 번 네다섯 명이 모여서 20분 동안 서로 대화하는 실험을 진행했습니다. 이 그룹 미팅은 7주 동안 계속되었어요.

폴허스는 매번 미팅이 끝난 후에 서로에 대한 인상이 어떤지 물었습니다. 그 결과 첫째 주에는 활발한 성격이 좋은 인상을 심어준다는 사실을 알게 되었죠. 활발한 사람은 첫인상이 매우 좋았습니다. 그런데 미팅을 계속하고 7주가 지났을 때는 오히려 호감도가 내려갔어요.

조용한 사람은 첫째 주에는 호감도가 낮았지만 만나는 횟수가 늘어날수록 점점 좋은 인상을 준다는 사실을 확인했습니다. 어째서 이런 일이 일어나는 걸까요?

심리학에서는 첫인상을 결정할 때 일어나는 편견이나 오해를 가리켜 '헤일로 효과Halo Effect'라고 합니다. 헤일로는 성자의 머리 위에 그려진 동그란 빛이나 후광을 말하는데요. 헤일로 효과란 어떤 대상을 평가할 때 그 대상의 눈에 띄는 특징에 이끌려 다른 부분까지 잘못 판단하게 되는 현상을 의미합니다.

활발한 사람은 헤일로 효과로 인해 좋은 평가를 받기 쉽습니다. '밝은 성격이니까 사람들에게 친절하겠지' '얼굴이 예쁘니까 똑똑할 거야' '잘생겼으니까 운동도 잘하겠네'처럼 처음엔 기대치가 커지기 쉽습니다. 하지만 기대가 큰 만큼 실망도 크기 마련이죠. 시간이 지날수록 현실과의 차이를 느끼면서 '냉정

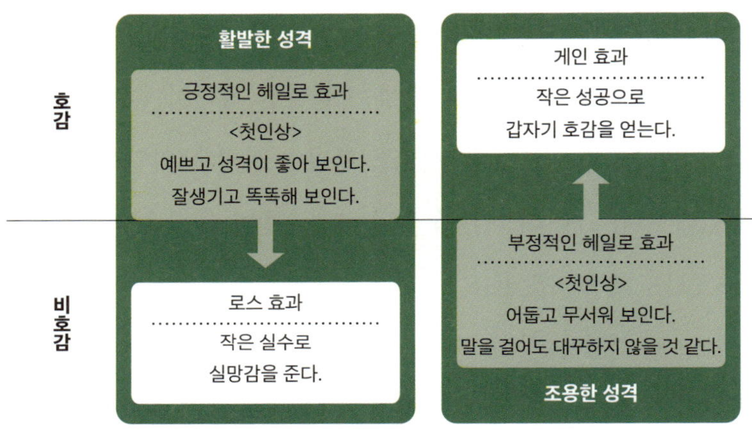

하다' '머리가 나쁘다' '운동 신경이 둔하다' 등의 반응이 나옵니다. 이를 '로스 효과Loss Effect'라고 합니다(도표 10).

한편 조용한 성격은 말수가 적어 첫인상이 좋지 않고 자신을 잘 어필하지 못합니다. 하지만 여러 번 만나다 보면 '약속을 잘 지킨다' '남의 험담을 하지 않는다' '이야기를 경청한다' 등 이 사람의 진가가 조금씩 알려지면서 호감도가 상승합니다. 처음에 기대치가 낮았던 만큼 그 후의 행동으로 그 사람에 대한 평가가 갑자기 올라가기 쉽습니다. 이것을 '게인 효과Gain Effect'라고 합니다.

그러니 조용한 성격이라도 걱정하지 마세요. 첫인상에서는 별로 기대받지 못해도 길게 보면 게인 효과로 호감을 살 가능성이 커지니까요.

25.
좋아하는 이유가
미워하는 이유로 바뀐다

사람의 마음이란 참 알 수가 없습니다. '사랑'이라는 감정이 어느새 정반대의 '미움'으로 탈바꿈하는 일도 적지 않으니 말이죠. 이런 현상을 '위험한 매력Fatal Attraction'이라고 합니다.

미국 캘리포니아대학 데이비스 캠퍼스의 다이앤 펨리Diane Felmlee에 따르면 '재미있는 사람이라서' 사귀기 시작한 사람 가운데 22.8퍼센트는 같은 이유로 헤어졌다고 합니다.

"재미있는 사람이라서 좋아"라고 했던 것이 시간이 지나면서 "까불거리기만 하고 생각이 없는 것 같아서 싫어"처럼 호불호가 180도 뒤바뀌는 겁니다. 처음에는 "잘 챙겨줘서" 좋았는데 시간이 지나자 "구속하려 해서 숨이 막힌다"라는 이유로 헤어진 사람은 19.6퍼센트였습니다. "같이 있으면 신나서 좋다"라는 이유로 사귀기 시작한 사람 가운데 10.1퍼센트는 "같이 있으면 피곤해서 싫다"로 바뀐다는 사실도 알게 되었습니다.

만약 누군가가 "△△ 씨는 ○○라서 좋다"며 다가오더라도 마냥 기뻐해서는 안 되겠죠. '○○라서 좋아했는데 그것이 싫어하는 이유가 될 수도 있으니' 주의해야 합니다.

좋아하거나 싫어하는 감정이 갑자기 바뀌는 건 흔히 있는 일이랍니다. 인기 연예인이나 모델의 사례에서도 위험한 매력을 많이 볼 수 있습니다.

처음에는 '시크하고 도도한 매력'으로 인기를 얻고 스타 대접을 받았는데 어느샌가 "차가워 보인다" "잘난 척하는 게 보기 싫다"며 SNS에 악성 댓글이 쏟아지는 일도 비일비재합니다. 정작 그 사람은 아무것도 달라진 게 없는데 주위에서 보는 눈이 180도 달라졌을 뿐이죠.

그러니 주변 사람들의 의견이나 감정에 휘둘리지 말고 자기만의 방식대로 살아가기 바랍니다. 만약 연인이나 친구가 나를 미워해 떠나버렸다 해도 너무 슬퍼하지 마세요. 가는 사람 잡지 않고 오는 사람 막지 않는다는 마음으로 "△△ 씨는 ○○라서 좋다"라고 말해줄 새로운 만남을 기대하면 되니까요.

3장

'공부와 스포츠'로 배우는 심리학

26.
스포츠와 공부에도
태어난 달이 중요할까?

일본에서는 4월에 학기가 시작되어 3월에 끝나기 때문에 4월 2일부터 이듬해 4월 1일까지 태어난 아이들이 같은 학년이 됩니다. 같은 학년이라도 4월(2일 이후)생은 3월생보다 거의 1년 가까이 먼저 태어났기 때문에 신체 발달이나 인지 발달도 더 앞서 있어요.

유소년기에 1년이라는 차이는 매우 큰 영향을 끼칩니다. 특히 스포츠 선수라면 4월에 출생한 아이가 유리합니다. 스포츠에서는 대개 신체 조건이 중요하기 때문이죠. 따라서 자녀가 스포츠 선수로 성공할지 아닐지는 아이가 몇 월생인지 보면 어느 정도 가늠할 수 있는 셈입니다.

벨기에 루뱅가톨릭대학의 베르너 헬센 Werner Helsen 은 축구선수에 대한 조사를 진행했습니다. 벨기에에서는 8월 1일을 기준으로 축구선수의 나이를 구분하는데요. 선두권 팀에서 뛰고 있는 선수의 약 4분의 1이 8월 또는 9월생이었다고 합니다.

그 뒤 1997년에 벨기에 축구협회가 나이를 산정하는 기준일을 8월 1일에서 1월 1일로 변경하자 헬센은 기준일 변경 전(1996년~1997년)과 변경 후(1997년~1998년)의 10~12세, 12~14세, 14~16세, 16~18세 선수 선발 여부를 조사해 보았습니다.

결과를 보니 예상한 대로 기준일 변경 후의 선발에서는 8월생 선수가 줄었고, 재능을 인정받아 선발된 선수 중에는 1월생이 압도적으로 많았다고 합니다. 축구에 재능이 있는지 없는지 결정하는 데 태어난 달이 중요했던 것이죠.

일본도 똑같은 상황입니다. 인터넷을 검색하다 흥미로운 글을 발견했는데요. 위키피디아에 나와 있는 일본 스포츠 선수 8,000명의 데이터를 분석해서 선수들의 생일 분포를 조사한 사람이 있더군요.

그에 따르면 축구선수 4,000명, 야구선수 3,200명, 농구선수 800명의 데이터를 분석했더니 모든 종목에서 '4월 출생'이 압도적으로 많았다고 합니다. 다음으로 많은 건 5월생이었고요(출처: https://note.com/keisukeee/n/nbe4b3780cc7d).

다른 스포츠도 마찬가지일 텐데요. 일본에서 2월이나 3월에 태어난 아이는 선수로 성장하는 길이 조금 험난할지도 모르겠습니다. 물론 선수들 가운데는 2월이나 3월생도 있고, 이 선수들이 절대 성공하지 못한다는 법도 없습니다. 어디까지나 현재 일본에서는 4월부터 학기가 시작된다는 점을 감안할 때 확률적으로 어렵겠다고 보는 것이죠. 내가 지금 스포츠에 푹 빠져 있는데 억지로 그만둘 필요는 없어요. 발달과 성장 정도는 사람마다 천차만별입니다.

생활 습관이나 학업에서도 마찬가지입니다. 생각해 보면 알겠지만 거의 1년이나 차이 나는 아이들이 같은 반에서 함께 수업을 받고 생활하면 학업 이해도나 집중력, 인내력에 차이가 있는 것도 당연합니다.

27.
한 가지 방식보다 다양한 방식이 더 큰 성취를 이끈다

일본인은 성격상 꼼꼼한 사람이 많아서인지 스포츠 훈련을 할 때도 정해진 연습을 반복하는 걸 좋아합니다. 동아리 활동도 여러 군데 가입하지 않고 한 종목을 집중적으로 훈련하는 쪽을 선호하지요.

반면 미국에서는 어릴 때부터 되도록 많은 스포츠를 경험하게 합니다. 게다가 학교의 동아리 활동도 시즌별로 나뉘어 있어 여러 개의 스포츠 동아리에 가입할 수 있습니다.

사실 심리학적으로도 여러 훈련을 다양하게 섞어서 하면 기분도 더 좋아지고 연습 효율도 훨씬 올라간다고 알려져 있습니다.

미국 루이지애나주립대학의 시나 구드^{Sinah Goode}는 3주 동안

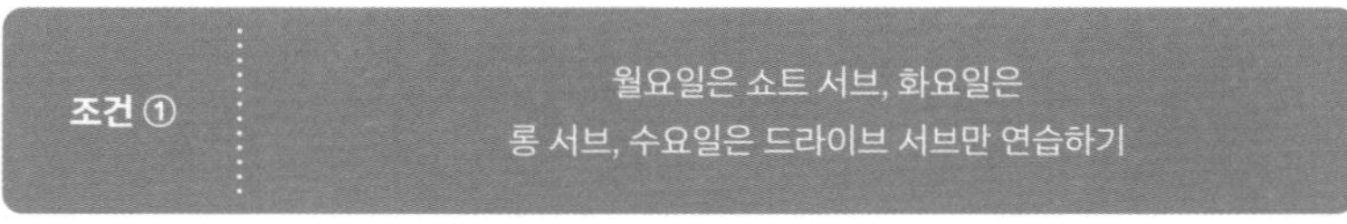

[도표 11] 다른 조건으로 연습한 세 그룹

조건 ①	월요일은 쇼트 서브, 화요일은 롱 서브, 수요일은 드라이브 서브만 연습하기
조건 ②	매일 쇼트-롱-드라이브, 쇼트-롱-드라이브처럼 정해진 순서대로 연습하기
조건 ③	매일 쇼트 서브, 롱 서브, 드라이브 서브 연습하기 단, 순서는 '무작위로 섞기' 드라이브-쇼트-롱-쇼트-롱-롱-드라이브처럼 계속 순서 바꾸기

(참고 자료: 시나 구드의 조사 결과)

배드민턴 서브 연습을 시키는 실험을 진행했는데요. 단, 여기에 는 세 가지 조건이 있었습니다(도표 11).

참가자들은 조건에 따라서 세 그룹으로 나뉘어 각각 연습을 시작했습니다. 3주 후 목표한 지점에 서브를 넣을 수 있는지 측 정한 결과, '무작위로 섞어서' 연습한 3번 그룹의 실력이 가장 많이 늘었다는 사실을 확인했습니다.

농구에서도 '무작위로 섞어서' 연습하는 방법이 더 효과가 좋 다는 데이터가 있는데요. 미국 루이지애나주립대학의 데니스 랜딘Dennis Landin은 체육 수업을 이수한 여자 대학생을 두 그룹으 로 나누어 한쪽에는 3.6미터의 거리에서 평범한 자유투 연습을

 내 마음이 왜 이럴까?

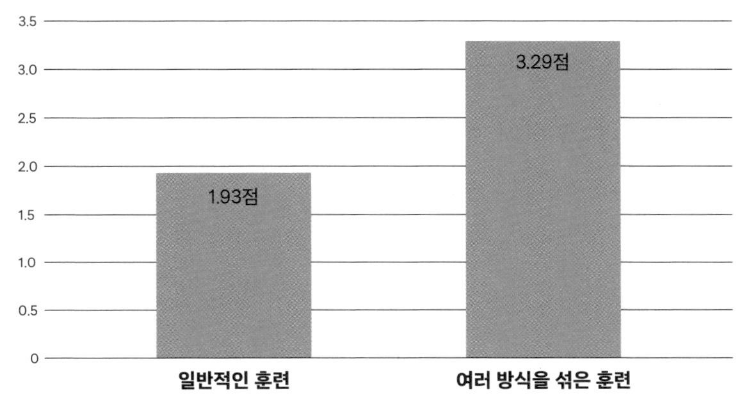

(참고 자료: 데니스 랜딘의 조사 결과)

시키고 다른 그룹에는 골대에 가까이 다가가거나(2.4미터) 반대로 멀어지는(4.5미터) 등 '무작위로 섞어서' 연습하도록 했습니다.

3일 후 모두에게 열 번의 자유투를 던지게 하고 그 결과를 집계했습니다. 골대를 벗어났을 때는 1점, 림에 맞고 들어갔을 때는 3점, 림에 맞지 않고 깨끗하게 가운데로 들어갔을 때는 5점으로 계산했습니다. 열 번의 자유투를 던진 후에 나온 평균 점수는 도표 12와 같습니다.

이 결과를 봐도 역시 여러 방식을 섞어서 연습하는 편이 더 좋다는 사실을 알 수 있지요.

야구선수가 축구를 하거나 육상선수가 수영을 하는 등 전문

종목 이외의 운동을 하는 것도 효과적인 방법입니다. 평소에 하지 않는 동작을 하면 본인의 종목에서는 잘 쓰지 않던 근육을 단련할 수 있어 성적이 향상되거나 부상을 예방하는 장점이 있다고 합니다. 훈련의 매너리즘을 방지하고 기분 전환도 할 수 있으니 추천할 만한 방법이지요.

28.
내 안의 잠재력을 끌어올리는 자기 암시

스포츠를 하는 사람이라면 누구나 동경하는 선수가 있을 겁니다. 그리고 자신이 동경하는 선수의 말과 행동을 따라 하려고 노력하죠. 이것은 아주 바람직한 자세입니다. 야구하는 사람이 '나는 오타니 쇼헤이야'라고 생각하고, 수영하는 친구가 '나는 이케에 리카코야.' 하고 생각하는 것은 심리학적으로 아주 좋은 행동입니다. 동경하는 선수처럼 되겠다는 자기 암시를 걸면 실제로 경기력이 향상되기 때문입니다.

자기 암시는 단순한 불안감의 표출이 아니라 효과적인 방법입니다. "나는 ○○다!"라고 외치면 주위에서 이상한 눈으로 볼지도 모르겠지만 신경 쓰지 마세요. 조금 실없어 보여도 내 경

기력이 올라간다면야 잠깐의 부끄러움은 감당할 만하잖아요. 자기 암시는 스포츠뿐만 아니라 예술이나 학업 등 모든 분야에서 효과를 발휘합니다.

러시아 모스크바대학의 블라디미르 라이코프 Vladimir Raikov 는 평범한 연주자들에게 "나는 러시아의 작곡가 세르게이 라흐마니노프야" 혹은 "나는 오스트리아 빈의 천재 바이올리니스트 프리츠 크라이슬러야"라는 식의 자기 암시를 하고 악기를 연주하도록 했습니다. 연주가 끝난 후 전문가가 매긴 점수를 확인해

내 마음이 왜 이럴까?

보았는데요. 연주자들은 자기 암시를 하지 않았을 때보다 자기 암시를 했을 때 더 높은 점수를 받았습니다.

라이코프는 같은 방법으로 실험 참가자에게 "나는 프랑스의 수학자 앙리 푸앵카레다" 혹은 "나는 러시아의 수학자 안드레이 콜모고로프다"라는 자기 암시를 건 다음 수학 문제를 풀게 했는데 역시나 이전보다 점수가 더 올랐습니다.

이 실험 결과만 봐도 자기 암시의 효과가 얼마나 큰지 알겠지요? 작은 행동에 불과하지만 대단한 효과를 가져다주니 무시할 일이 아닙니다.

20세기 미술을 대표하는 세계적인 거장 중 한 명으로 무나카타 시코라는 판화가가 있습니다. 그는 어린 시절 고흐의 그림을 보고 감동하여 사람들에게 "나는 일본의 고흐가 되겠어!"라고 말했다고 합니다. 어쩌면 자신을 고흐에게 빗대어 자기 암시를 했던 게 아닌가 싶네요.

자신이 동경하는 인물처럼 되겠다는 다짐은 여러분의 잠재의식에 강력하게 작용해서 잠들어 있던 능력을 끌어내는 힘을 가지고 있습니다. 여러분도 꼭 이 방법을 써보기 바랍니다.

29.
권위자의 말이라도
가끔은 적당히 흘려듣자

스포츠 종목에는 대개 코치나 감독이 있습니다. 코치와 감독은 선수의 기량을 끌어올리기 위해서 이런저런 조언을 합니다. "팔을 좀 더 높이 올려!" "속도를 더 내봐!" 같은 말이죠.

착실한 여러분은 이런 조언을 그대로 다 받아들이겠지만, 어쩌면 귀담아듣지 않는 게 더 좋을 때도 있을 거예요. 가끔은 적당히 흘려들어도 괜찮을 때가 있답니다.

독일 막스플랑크연구소의 가브리엘 울프Gabriel Wulf는 3일 동안 스키의 회전 종목 훈련으로 실험을 진행했습니다.

두 그룹으로 나누어 한쪽에는 훈련하는 동안 "허리를 더 낮춰" "무릎을 더 부드럽게 움직여" 같은 말을 하며 가르치도록

　　　　　　　　　　　　　　　내 마음이 왜 이럴까?

했고, 다른 그룹은 언어적인 지도 없이 그냥 스스로 연습하게 했습니다.

3일 동안의 훈련이 끝나고 참가자들에게 스키를 타게 한 후 전문가에게 평가를 부탁했습니다. 그랬더니 지도를 받은 그룹보다 혼자 연습한 그룹이 스키를 더 잘 탔다는 결과가 나왔습니다. '지도를 받지 않은' 그룹이 훨씬 더 실력이 늘었던 거죠. 정말 놀라운 결과였습니다.

물론 여기에는 코치와 감독의 설명 방식이나 말의 온도, 인품 등도 영향을 끼쳤으리라 봅니다. 하지만 누군가의 지도를 받으면 받을수록 오히려 더 헷갈릴 때가 많습니다.

지도자의 관리를 받기보다 자유롭게 훈련하고 경기를 뛸 때 오히려 더 좋은 성적이 나오기도 하지요. 모든 팀이 다 그렇다고 할 수는 없지만, 느긋하고 차분하게 긴장을 풀고 경기에 임하면 능력을 발휘하기 쉬운 건 분명한 사실입니다.

기본적으로는 코치님과 감독님 말씀에 잘 따라야겠지만 도저히 수긍하지 못하겠다 싶을 때는 적당히 흘려들으세요. 지도자도 사람이니까 오판을 하거나 실수를 할 때도 있으니까요. 선수 본인이 이해하고 즐기지 못하면 좋은 경기력은 나오지 않습니다.

30.
라이벌이 있으면
힘이 솟는다

여러분에게는 라이벌 같은 존재가 있나요? 흔히 "남과 비교하지 말라" "자기 자신과의 승부를 펼쳐라"라고 말하는데요. 공부나 운동 또는 회사 일이 그렇듯, 뭐든지 혼자서 의욕을 끌어올리기는 참 어렵습니다.

인간은 원래 게으른 동물이기 때문에 같이 노력하고 경쟁할 동료나 라이벌이 없으면 좀처럼 의욕이 올라가지 않습니다. 목표가 보이지 않는 느낌이라고 할까요? 어디를 향해 달려야 할지 도착점이 애매해져 버리는 거죠. 그런데 라이벌이 있으면 '쟤한테는 지고 싶지 않아!' 하는 마음이 생겨서 그 사람을 따라잡고 넘어서겠다는 뚜렷한 목표가 생깁니다.

독일 쾰른대학의 옌스 랑게^{Jens Lange}는 하프 마라톤 출전 선수 208명과 풀코스 마라톤 출전 선수 162명을 대상으로 선수들의 라이벌 유무와 대회 기록을 조사했습니다. 그 결과 라이벌이 있는 선수들의 기록이 더 좋다는 사실을 알게 되었습니다.

마라톤은 개인 스포츠라서 '자신의 최고 기록 경신' '자신과의 싸움'이 강조되는 이미지가 있는데요. 라이벌이 있으면 "힘들어도 따라잡자. 쟤한테 지면 안 돼!" 하고 의욕이 올라가서 없던 힘이 불끈 솟아나기도 한다는 증거입니다.

과학자들에게도 라이벌의 존재가 도움이 되는지 조사한 연구자가 있습니다. 미국 캘리포니아대학의 딘 키스 사이먼턴^{Dean Keith Simonton}은 과학 전문 사전을 토대로 2,026명의 과학자와 발명가의 정보를 조사했는데요. '경쟁 상대가 있는' 사람이 위대한 발견을 하거나 중요한 법칙을 밝혀내는 등 더 훌륭한 업적을 쌓았다고 합니다.

'저 사람한테만큼은 질 수 없어!'라는 마음은 스포츠계뿐만 아니라 학술계에서도 통한다고 할 수 있겠네요.

31.
스타 선수가
너무 많아도 문제?

스포츠 명문 학교들은 전국에서 스타 선수를 스카우트합니다. 뛰어난 선수들을 다 모아놓으면 틀림없이 천하무적의 팀이 되리라고 기대하지만 현실은 그렇게 만만하지 않은 듯합니다.

스타 선수가 너무 많으면 오히려 팀이 약해지는 희한한 현상이 일어날 때가 있습니다. 심리학에서는 이를 '과잉 인재 효과Too Much-Talent Effect'라고 하는데요. 설마 그럴까 싶지만 실제로 이런 용어가 있습니다. 참고로 여기에서 말하는 '텔런트'란 텔레비전에 나오는 연기자를 뜻하는 게 아니라 '재능 있는 선수'라는 의미입니다.

유럽경영대학원 인시아드의 로더릭 스왑Roderick Swaab은

내 마음이 왜 이럴까?

2010년 남아공 월드컵 대회와 2014년 브라질 월드컵 대회 참가 국별로 스타 선수의 수와 팀 성적을 조사했습니다. 그 결과, 스타급 선수가 많은 팀일수록 경기에서 패배한다는 사실을 알게 되었습니다. 스왑은 같은 방식으로 미국 프로농구협회NBA의 자료도 조사했는데 역시나 스타 플레이어가 많은 팀일수록 승률이 낮다는 놀라운 결과를 확인했습니다.

반면, 미국 프로야구리그MLB에서는 조금 다른 결과가 나왔는데요. 스타 선수가 많아도 팀 전력은 약해지지 않았습니다. 이에 대해 스왑은, 축구나 농구에 비해 야구는 모든 선수가 동시에 움직이는 협동 플레이가 크게 필요하지 않기 때문이 아닐까 추측했습니다. 어쨌든 대부분의 스포츠 종목에서는 스타급 선수가 많다고 해서 꼭 최강의 팀이 만들어진다는 보장은 없는 듯합니다.

"우리 학교는 너무 평범한 선수들밖에 없다"라며 좌절할 필요는 없습니다. 팀 전력이 약한 이유는 선수 개개인의 역량이 부족해서가 아니라 하나로 똘똘 뭉쳐서 뛰지 않았기 때문인지도 모릅니다. 뛰어난 선수가 없어도 팀은 강해질 수 있어요.

32.
걱정 많은 사람이
머리가 좋다

시험공부를 할 때 불안을 잘 느끼고 '어차피 좋은 점수도 못 받을 거야' '대학에 합격할 수 있을까?'라며 지나칠 정도로 걱정 많은 사람이 있죠. 그런데 이런 사람이 오히려 더 좋은 성적을 받습니다.

캐나다 레이크헤드대학의 알렉산더 페니 Alexander Penney 는 대학생들을 대상으로 범불안장애 테스트 등의 심리 검사를 받게 한 후 지능 검사도 실시했습니다. 결과는 어땠을까요? 불안이 많고 걱정을 달고 사는 학생일수록 지능 검사에서 좋은 평가가 나왔습니다. 걱정 많은 사람이 머리가 좋은 사람이기도 했던 거죠.

비슷한 연구는 또 있습니다. 미국 노스캐롤라이나대학의 로

런스 산나Lawrence Sanna는 72명의 대학생을 대상으로 낙관적인지 비관적인지 성향을 알 수 있는 심리 테스트를 진행하고 열흘 뒤에 학과 시험을 치르게 했습니다. 그 결과, 심리 테스트에서 '비관적'이라는 판정을 받은 사람일수록 '낙관적'이라는 사람보다 시험 점수가 높게 나왔다는 사실을 확인했습니다.

어째서 "나는 안 돼"라고 비관하는 사람이 더 좋은 성적을 받았을까요? 비관적이거나 걱정이 많은 사람은 실패하지 않으려고 더 많이 노력하기 때문입니다. 낙관적인 사람은 '조금만 공부하면 그런대로 점수가 나오니까 괜찮아'라고 생각하기 때문에 준비도 별로 하지 않습니다. 그러니까 시험 결과도 좋지 않지요. 성적이 나빠도 매사를 긍정적으로 생각하기에 '뭐 어때' '다음에 열심히 하자'라고 넘어가기 쉽습니다.

그런데 비관적인 사람은 이럴 때 '나는 머리가 나빠서 남들보다 두 배로 공부하지 않으면 시험에 통과 못해'라고 생각하기 때문에 꼼꼼하게 준비하게 되죠. 결과적으로 성적도 잘 나옵니다.

일할 때도 마찬가지예요. 낙관적인 사람보다 비관적인 사람이 사전에 준비를 더 철저히 합니다. '전철이 늦게 올지도 몰라. 거래처 미팅 30분 전에 도착할 수 있게 출발해야지' '회의 자료 준비는 끝났는데 이 부분을 지적받지 않을까? 보충 자료를 준비하자' '이번 기획에 이 예산으로 될까? 인원이 부족하지 않을까?

견적을 다시 확인하자' '선배가 시킨 데이터 입력을 겨우 끝냈어. 실수가 없는지 다시 살펴보자' 이런 식으로 일하게 되죠.

비관적인 사람은 위험 요인이 발생할 가능성을 잘 감지해서 문제나 고객 불만이 덜 생기게 하며, 문제가 생긴다 해도 신속하게 대처할 수 있습니다.

비관적인 사람이라고 하면 부정적인 이미지를 떠올리기 쉽지만 비관적인 성향이 도움될 때도 많습니다. 낙관적인 사람보다는 좀 걱정이 많다 싶은 사람이 큰 실수를 덜 합니다.

33.
공부하기 전에
시험문제부터 풀어라

시험공부를 시작할 때는 과거에 나온 기출문제부터 풀어보는 것이 좋습니다. 입시나 자격시험을 위한 본격적인 공부는 그다음에 해도 상관없어요.

'아니, 공부도 안 했는데 문제를 풀라고?' 이렇게 생각하는 사람도 있을 겁니다. 당연히 못 맞히는 문제가 많겠지요. 공부를 안 했으니 어쩔 수 없습니다.

그런데 과거 기출문제를 한번 풀어보면 '아, 이 분야에서 문제가 많이 나오는구나' '이런 유형의 문제가 많네' 하면서 무엇이 중요하고 무엇이 중요하지 않은지 파악할 수 있어요. 시험 합격이 중요하다면 출제 빈도가 높은 분야 위주로 공부하고 거

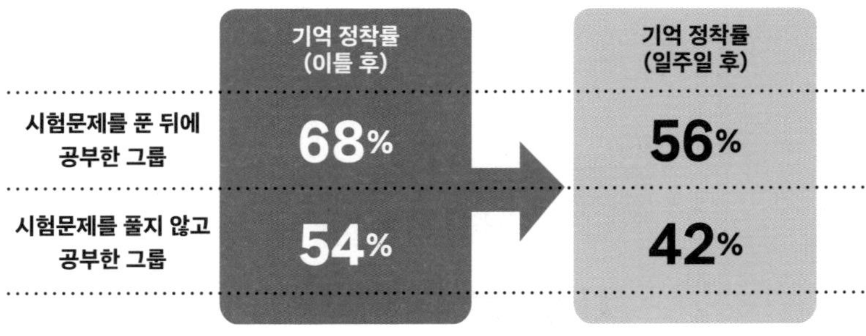

(참고 자료: 헨리 뢰디거의 조사 결과 결과)

의 출제되지 않는 분야는 간략하게 정리하고 넘어가는 식으로 계획을 세울 수도 있습니다.

기출문제를 보지 않으면 무엇이 중요한지 모르기 때문에 모든 분야를 처음부터 암기할 수밖에 없겠지요. 그러면 외워야 할 양도 엄청나게 많아지고 학습 효율도 떨어집니다. 효율적이고 원활한 학습을 위해 기출문제부터 풀어보기를 꼭 기억하세요.

미국 워싱턴대학의 헨리 뢰디거Henry L. Roediger는 시험문제를 먼저 풀고 암기할 내용을 학습하는 그룹과 시험문제를 풀지 않고 학습하는 그룹을 비교하는 실험을 진행했습니다(도표 13).

이틀 후 학습한 내용을 얼마나 기억하는지 알아보았는데요. 시험문제를 푼 뒤에 공부한 그룹은 학습한 내용의 68퍼센트를 정확하게 기억했고, 시험문제를 풀지 않고 공부한 그룹은 학습

내 마음이 왜 이럴까?

한 내용의 54퍼센트만 기억해 냈습니다.

일주일이 지난 뒤 예고 없이 똑같은 내용의 기억력 테스트를 했더니 시험문제를 먼저 푼 그룹은 56퍼센트를 정확하게 기억했고, 시험문제를 풀지 않은 그룹은 42퍼센트를 기억했습니다. 이 결과를 보면 확실히 시험문제를 한번 풀고 나면 그 내용이 머리에 잘 남는 것 같습니다.

대부분의 사람은 충분히 공부하고 나서 모의 테스트를 치거나 기출문제에 도전하려고 합니다. 그렇게 하면 점수도 더 좋게 나오니 안심할 수 있어서겠지요.

그런데 이 방법은 별로 바람직하지 않습니다. 과거에 나왔던 시험문제를 먼저 풀어서 무엇이 중요한지 대략 가늠해 보면 공부도 더 잘된답니다.

대다수의 입시 명문고에서는 3학년이 되기 전부터 학생들에게 대학 입시 문제를 풀게 합니다. 수험생이 아니니 점수가 높게 나오지는 않지만 학생들은 기출문제를 풀어봄으로써 대학 입시에 필요한 전체적인 학습 내용을 이해할 수 있습니다.

여러분도 꼭 이 방법으로 공부해 보세요. 중간고사나 기말고사를 대비해서 공부할 때는 먼저 단원 테스트 같은 문제에 도전한 다음에 교과서 내용을 공부하면 좋겠죠. 이렇게 하면 성적도 더 잘 받을 수 있고 더 오래 기억할 수 있답니다.

34.
'두뇌 훈련'으로
머리가 좋아질까?

애플리케이션이나 게임으로 뇌를 단련하는, 이른바 '두뇌 훈련' 이라는 것이 있습니다. 한때 엄청나게 유행하기도 했지요. 두뇌 훈련 게임의 효과는 과학적인 연구로 검증되었다는 주장이 있는데, 정말 효과가 있을까요?

미국 조지메이슨대학의 사이러스 포루기 Cyrus K. Foroughi는 두뇌 훈련에 관한 연구를 찾아보고 효과가 있다는 사실을 확인했지만, 여기에는 '플라세보 효과 Placebo Effect'가 작용했을 것이라고 짐작했습니다. 플라세보 효과란, 의사가 약효가 없는 가짜 약을 '아주 효과가 좋은 약'이라고 처방해 환자에게 복용시키면 실제로 치료 효과가 나타나는 현상을 말합니다. 플라세보는 '가짜

약'이라는 뜻이에요.

포루기는 두뇌 훈련도 플라세보 효과가 아닐까 의심해 본 것이죠. 왜냐하면 두뇌 훈련 효과를 알아보는 연구를 할 때 '두뇌 훈련 연구' '머리를 좋아지게 하는 실험' 같은 제목으로 참가자를 모집하기 때문입니다. 참가자들은 '아, 그런 실험이구나.' 하는 마음으로 실험에 참여하기 때문에 이것이 플라세보 효과로 이어질 가능성이 있습니다.

그래서 포루기는 실험 참가자를 모집하는 전단지를 두 종류로 만들었습니다. 하나는 '두뇌 훈련으로 머리를 좋아지게 하는 연구'라는 사실을 밝혔고, 다른 전단에는 두뇌 훈련에 관한 연구라는 사실은 숨기고 '실험에 참여하고 참가비를 받자'라는 문구를 썼습니다.

실험 참가자들에게는 한 시간 동안 두뇌 훈련(단기 기억력이 향상된다고 알려진 훈련)을 실시하고 다음 날에 지능 검사를 받게 했습니다.

지능 검사에서 성적이 향상된 쪽은 '두뇌 훈련 연구'라고 알린 그룹이었습니다. 이 사실을 알리지 않은 그룹에서는 지능 지수가 전혀 향상되지 않았습니다. 이 결과에 따르면 두뇌 훈련의 효과는 단지 플라세보에 불과할지도 모릅니다. 다시 말해, 본인이 효과가 있다고 믿으니 효과가 있는 것이지 훈련 내용 자체에 머리가 좋아지는 효과는 없는 것 같습니다.

　무료 애플리케이션이나 게임에는 요금이 부과되지 않으니 두뇌 훈련을 해봐도 좋겠지만 유료 게임은 하지 않는 것이 좋습니다. 효과가 없는 것에 돈을 쓸 필요는 없으니까요.

　일부 비양심적인 사람들은 두뇌 훈련을 내세워 세미나를 개최하기도 합니다. 효과도 없는데 세미나로 돈을 챙기려는 사람도 있으니 그런 것에 현혹되지 않도록 주의하세요.

35.
굳게 믿으면
성적이 오른다

두뇌 훈련은 단순한 착각 효과, 즉 플라세보 효과일 수도 있다고 이야기했는데요. 플라세보 효과 자체는 절대 나쁜 게 아닙니다. 오히려 잘 이용하면 학업 능력을 올릴 수 있습니다.

스스로 플라세보 효과를 일으키는 방법이 있는데요. 바로 잘될 거라고 굳게 믿는 겁니다. 굳게 믿으면 믿을수록 플라세보 효과가 커지기 때문에 이를 이용해서 학업 능력을 향상시킬 수도 있는 것이죠.

여러분은 이렇게 믿고 말할 수 있나요?

"공부 머리는 타고나는 게 아니야. 노력하면 얼마든지 좋아질 수 있어."

“열심히 공부하면 성적은 오르게 돼 있어.”

“마음만 먹으면 얼마든지 다 외울 수 있어.”

미국 스탠퍼드대학의 수사나 클라로^{Susana Claro}는 이렇게 믿는 고등학생일수록 실제로 수학이나 국어 성적이 오른다는 사실을 밝혀 냈습니다.

‘할 수 있다’는 믿음이 있다면 학업 능력 향상도 기대할 수 있습니다. ‘부모님이 똑똑하지 않아서 나도 공부를 잘하지 못해’라고 생각하면 나쁜 플라세보 효과가 생겨서 정말로 좋은 성적을 받지 못하게 되니 부정적인 생각은 하지 않도록 주의하세요. 믿음의 힘은 상상을 초월할 정도로 강력하니까요.

물론 부모에게서 유전되는 부분도 있어요. 키나 몸무게, 얼굴 생김새 등은 유전으로 정해지는 경우가 많습니다. 하지만 공부를 잘하느냐 못하느냐는 본인의 의지가 제일 중요합니다. 만약 공부를 잘하지 못한다면 자신이 갖

고 있는 부정적인 생각부터 바꿔보세요.

　"머리에 쏙쏙 다 집어넣어야지" "외운 건 안 잊어버릴 거야" "아무리 공부해도 피곤하지 않아" 같은 말을 스스로에게 해주세요. 그러면 플라세보 효과가 생겨서 성적도 좋아질 겁니다. 한번 시험해 보세요.

36.
질문을 받으면
흔쾌히 답변하자

만약 친구가 "이 문제 이해가 잘 안 돼" "이 앱 사용법 좀 알려줄래?"라고 도움을 요청하면 귀찮아하지 말고 "응, 알겠어." 하고 흔쾌히 알려주세요. 친구를 위해서가 아니라 자신을 위해서 말입니다.

다른 사람을 가르쳐주다 보면 자기 자신도 이해가 더 잘 되기 때문이에요. 결국은 나 자신에게 도움이 되니까 기꺼이 알려주는 게 서로에게 좋습니다. '친절을 베푸는 것은 곧 나를 위한 일'이라고 할 수 있어요.

미국 테네시주에 있는 밴더빌트대학의 베서니 리틀 존슨^{Bathany Rittle-Johnson}은 4~5세 아이들에게 문제를 주고 그 답을

‘혼자 중얼거리면서 자기에게 설명하는’ 그룹과 ‘엄마에게 설명하는’ 그룹으로 나누어 비교해 보았습니다. 그랬더니 ‘엄마에게 설명하는’ 그룹에 속한 아이들의 학습 효과가 더 좋다는 사실을 확인했습니다.

“자, 이게 이렇게 되니까…” 하면서 상대에게 설명하면 자신도 더 깊이 이해할 수 있습니다. 내용을 확실하게 이해한 줄 알았는데 막상 다른 사람에게 설명하려고 하면 막히는 경우가 적지 않죠. 알고 있다고 생각했지만 잘 모른다는 사실을 남에게 설명해 보면 깨닫게 됩니다.

내가 알고 있는 개념을 다른 사람에게 설명하는 것은 좋은 방법입니다. 자신이 내용을 얼마나 이해했는지 알 수 있으니까요. 어렴풋하게 기억하고 있다거나 애매한 지식밖에 없다는 사실을 알게 되기 때문에 다른 사람에게 설명하는 것은 자신을 위한 일이기도 합니다. 친구가 모르는 문제를 물어봤을 때가 바로 나의 이해도를 확인할 수 있는 절호의 기회입니다. 그러니 기꺼이 가르쳐주세요.

직장에서도 마찬가지입니다. 후배나 부하 직원이 일하는 방식이나 업무와 관련된 지식을 물어볼 때는 귀찮아하지 말고 흔쾌히 알려주세요. 그렇게 하면 내가 얼마나 이해하고 있는지 확인할 수 있습니다.

실제로 해보면 알겠지만 남에게 설명하기란 굉장히 어려운 일입니다. 나의 지식이 부족하면 상대방이 알아듣게 설명하지 못합니다. 듣는 사람이 "아, 그렇구나!" 하고 진심으로 수긍하고 이해할 수 있게 설명하려면 아주 자잘한 부분까지 잘 알고 있어야 해요. 가령 일기예보에서 자주 나오는 '헥토파스칼'이 뭔지 친구가 질문했다고 합시다. 설명이 서툰 사람은 "기압의 크기를 나타내는 단위야"라고만 알려줍니다. 물론 이것도 맞는 말이지만 이 설명만으로는 잘 이해가 되지 않아서 친구도 고개를 갸웃거리게 되겠죠.

설명을 잘하는 사람은 "1파스칼은 1제곱미터의 바닥에 100그램의 물건을 놓았을 때의 압력을 말해. '헥토'가 100배라는 뜻이니까 1헥토파스칼은 1제곱미터의 바닥에 10킬로그램의 물건을 놓았을 때의 압력이 되는 거야." 하고 자세하게 가르쳐줍니다. 또는 "지금 다가오는 태풍은 중심 기압이 945헥토파스칼이래. 1제곱미터의 바닥에 대략 1톤의 무게가 들어있는 셈이니까 아주 큰 태풍이야." 하고 알려주면 질문을 한 상대방이 상당한 규모의 태풍이라는 사실을 금방 이해할 수 있습니다. 이렇게 자기만의 방식으로 쉽게 풀어서 설명하려면 개념을 확실히 이해하고 있어야 합니다.

질문을 받으면 귀찮은 마음이 먼저 드는 건 당연한 일입니다.

   내 마음이 왜 이럴까?

내 시간을 투자해야 하는 것도 왠지 손해 보는 기분이고요. 하지만 그런 마음을 감수하고 상대에게 설명을 해주다 보면 나도 그 개념과 내용을 더 정확하게 알게 되니 좋은 마음으로 잘 가르쳐주세요.

37.
카테고리로 정리하면
기억하기 쉽다

공부할 때는 제각각인 내용을 몇 개씩 덩어리로 나누어 외우는 것이 좋습니다. 가령 100개의 지식이 있으면 서로 비슷하거나 관련 있는 것끼리 묶어서 다섯 개 혹은 열 개의 카테고리로 만드는 겁니다. 이렇게 하면 기억하기에도 좋습니다.

영국 리버풀대학의 필립 레이Philip Ley는 의사가 환자에게 설명할 때 하는 말을 두 가지 유형으로 만들어 비교하는 실험을 진행했습니다. 똑같은 15개의 문장을 한쪽은 그냥 나열하고 다른 한쪽은 다섯 개씩 카테고리로 나누었습니다. 이것을 대학생들에게 읽어준 다음 그 내용을 얼마나 기억하는지 테스트해 보았죠. 실제로 사용한 문장은 도표 14에 나와 있습니다.

[도표 14] 카테고리 분류와 기억력

<table>
<tr><td>15개의 문장을 그냥 읽는다</td><td>처음에 다섯 가지 이야기를 하겠다고 전달하고 읽는다
① 어디가 안 좋은지 ② 어떤 검사를 할 것인지 ③ 진단 ④ 어떤 처방을 내릴지 ⑤ 환자가 할 수 있는 일</td></tr>
<tr><td></td><td>그다음에 15개의 문장을 읽는다</td></tr>
<tr><td>평균 6.5개 기억</td><td>평균 9.2개 기억</td></tr>
</table>

15개의 문장	다섯 가지 카테고리
1. 흉부에 감염이 있네요. 2. 목에 염증도 약간 보입니다. 3. 심장에는 문제없는 것 같아요.	① 어디가 안 좋은지
4. 혹시 모르니까 흉부 검사를 해보죠. 5. 혈액 샘플도 필요합니다. 6. 그리고 흉부 엑스레이 사진도 찍읍시다.	② 어떤 검사를 할 것인지
7. 기침은 이틀 정도면 없어질 겁니다. 8. 일주일 정도 지나면 상태가 좋아질 거예요. 9. 다 나을 테니 안심하세요.	③ 진단
10. 페니실린 주사를 놓아드릴게요. 11. 약도 처방해 드릴 거예요. 12. 호흡기 약도 드셔야 합니다.	④ 어떤 처방을 내릴지
13. 차가운 음식은 피하세요. 14. 실내에서는 습도를 유지하세요. 15. 오후에는 매일 두 시간 정도 주무세요.	⑤ 환자가 할 수 있는 일

(참고 자료: 필립 레이의 실험 결과)

문장을 카테고리로 나눈 그룹에서는 "전부 다섯 가지 이야기를 하겠습니다. 첫째 어디가 안 좋은지, 둘째 어떤 검사를 할 것인지, 셋째 제가 진찰해 본 결과(진단), 넷째 어떤 처방을 내릴지, 마지막으로 다섯째 환자가 할 수 있는 일을 말씀드릴 겁니다." 하고 설명한 후에 1번부터 15번까지의 문장을 읽었습니다.

기억력을 테스트해 본 결과, 그냥 나열한 문장을 읽어준 그룹은 평균 6.5개밖에 기억하지 못했습니다. 그런데 카테고리로 나누어서 읽어준 그룹은 평균 9.2개나 기억했습니다.

따로따로 암기하지 말고 일단 카테고리로 나누면 훨씬 효과가 좋다는 것을 알 수 있습니다. 어떤 방법으로 외우는지에 따라서 이후의 기억력이 크게 달라진다는 사실을 알 수 있죠.

어차피 해야 하는 일이라면 힘들게 외우기보다 편하게 외우는 쪽이 당연히 좋겠지요. 처음에 조금 신경 써서 카테고리로 분류해 두면 편합니다.

요리도 마찬가지로 처음에 조금만 품을 들여서 준비하면 그 다음 작업이 훨씬 수월해질 때가 있습니다. 공부도 똑같아요. '조금 귀찮은데'라는 생각이 들더라도 처음에 카테고리로 분류하는 방법을 추천합니다.

38.
스스로 문제와 정답을 만들면 오래 기억한다

공부할 때는 자신이 선생님이 되었다고 생각하고 시험문제를 만들어보는 것도 좋은 방법입니다. 직접 문제를 만들면 기억에 더 오래 남거든요. 이것을 심리학에서는 '자기 생성 효과^{Self-Generation Effect}'라고 합니다. 자기가 만든 정보는 잘 잊어버리지 않습니다.

캐나다 토론토대학의 노먼 슬라메카^{Norman Slamecka}는 유의어와 반의어 100개를 준비해 피실험자들에게 외우도록 했습니다(도표 15).

A 그룹은 처음부터 단어가 모두 적혀 있는 리스트를 그대로 외웠고, B 그룹은 단어 리스트부터 만들었는데요. 단어의 일부

[도표 15] 문제 만들기와 기억 정착률

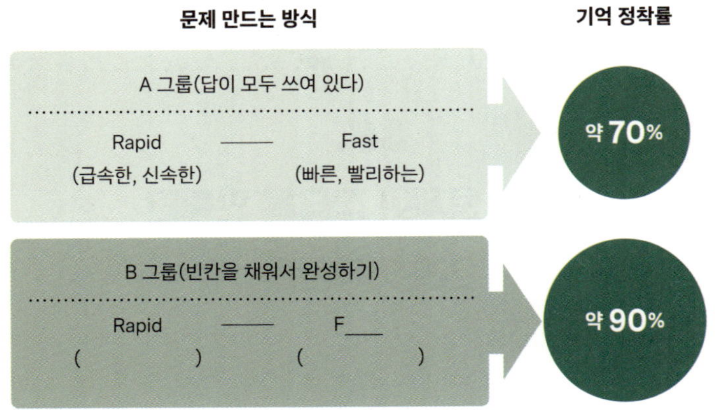

(참고 자료: 노먼 슬라메카의 실험 결과)

분이 빈칸으로 되어 있어 스스로 칸을 채우면서 리스트를 만들었습니다.

두 그룹은 똑같이 100개의 단어를 외웠는데, 빈칸을 채우면서 단어를 외운 B 그룹은 이후의 기억력 테스트에서 90퍼센트 정도를 기억했습니다. 반면, 완성된 리스트를 그냥 암기만 했던 A 그룹은 약 70퍼센트밖에 기억하지 못했습니다.

정답이나 문제를 스스로 만들어보면 자기 생성 효과가 작용하여 효율적으로 기억할 수 있습니다.

저는 고등학생 시절에 영어 단어를 무작정 기계적으로 외우기가 너무 힘들어서 언어유희로 재미있게 암기할 수 있는 단어

내 마음이 왜 이럴까?

집을 사서 공부했습니다. 이를테면 temperature(온도)라는 단어
는 '탬버린 쳐서 뜨거워진 손바닥 온도'라는 식으로 비슷한 발
음을 연결해서 기억하는 거죠.

하지만 이 단어집에는 수록된 단어 수가 별로 많지 않아서
모르는 단어가 나오면 제가 직접 끙끙대면서 비슷한 발음으로
문장을 만들어 외우곤 했습니다. 그렇게 했더니 영어 단어를 잘
안 잊어버리게 되더군요. 지금 와서 생각하니 저도 모르는 사이
에 심리학 기술을 사용하고 있었던 겁니다.

독자 여러분도 여러 가지 방법을 고안해서 스스로 문제나 답
을 만들어보면 어떨까요? 직접 문제를 만드는 일은 꽤 재미있
고 즐겁게 공부할 수 있게 도와준답니다.

4장

'돈과 직업'으로 배우는 심리학

39.
SNS를 보면
그 사람의 성공 여부가 보인다

저는 심리학자이기 때문에 약간의 힌트만 있으면 그 사람이 부자인지 아닌지를 예상할 수 있습니다. 넓은 집이나 화려한 명품 등 누구나 알 수 있는 티 나는 힌트를 말하는 게 아닙니다. 제가 눈여겨보고 판단 기준으로 삼는 것은 그 사람의 '말버릇'입니다.

캐나다 케이프브레턴대학의 스튜어트 매캔Stewart McCann 은 X(옛 트위터) 계정을 보면 그 사람의 성공 여부를 예상할 수 있다는 놀라운 연구 결과를 발표했습니다. 매캔은 14만 명 이상의 트윗 내용을 분석하고 해당 계정 사용자의 사회적 지위와 금전 수입도 조사했습니다.

그 결과, 트윗 내용이 긍정적인 사람일수록 회사에서 지위가 높고 수입도 많다는 사실을 밝혀냈습니다. 부자나 성공한 사람들은 불평불만이나 남의 험담을 쓰지 않는다는 것이죠.

여러분은 어떤가요? 여러분 주위에 있는 사람들은 또 어떤가요? 혹시 "젠장" "지금 장난해?" "정말 짜증나" "너무 피곤해" "의욕이 없어" "하기 싫어" 등 입만 열면 부정적인 말을 내뱉고 있나요? 아니면 아침에 일어나서 "아, 상쾌한 아침이다"라고 즐거워하거나 무엇을 먹어도 "정말 맛있어!"라고 기뻐하고, 사람들을 만나면 "항상 고마워" "네 덕분이야"라고 감사한 마음을 전하는 등 늘 긍정적인 말을 하고 있나요? 여러분은 어떤 사람

과 같이 놀고 일하고 함께 살고 싶나요?

사물이나 상황의 나쁜 면이 아니라 좋은 면을 보고 긍정적인 말을 하려고 노력해 보세요. 그러면 여러분 주변에 좋은 일, 좋은 사람이 많아지고 나쁜 일이나 부정적인 사람들은 점점 멀어져서 삶이 좋은 쪽으로 바뀌고 있다고 느낄 거예요.

기쁨이나 감사의 말을 하는지, 험담이나 푸념이나 불평불만을 늘어놓는지에 따라서 인생의 성공 여부가 결정된다는 사실, 반드시 기억하세요.

40.
돈이 다는 아니지만
부자일수록 오래 산다

돈이 많으면 갖고 싶은 물건은 뭐든지 살 수 있고 스트레스도 쌓이지 않습니다. 그래서일까요? 부자일수록 오래 산다고 합니다.

미국 스탠퍼드대학의 라지 체티 Raj Chetty 는 1999년부터 2014년까지 총 14억 명에 이르는 사람들의 데이터를 바탕으로 소득과 수명의 연관성을 분석했습니다. 그 결과, 확실히 소득이 높은 사람일수록 장수한다는 사실이 확인됐습니다.

체티에 따르면 소득이 상위 1퍼센트에 해당하는 백만장자와 최하위 1퍼센트에 해당하는 사람의 수명은 무려 14.6세나 차이가 났다고 합니다.

가끔 '부자 같은 건 안 돼도 좋아.' 하고 삐딱하게 생각하는 사람도 있지만, 돈이 없으면 곤란할 때가 정말 많습니다. 반면에 돈이 너무 많아서 힘든 경우는 거의 없지요.

어른이 되어서 돈이 없으면 아주 비참한 기분이 듭니다. '이번 달 월세랑 공과금은 낼 수 있을까' '생활이 빠듯해서 친구랑 여행가는 건 꿈도 못 꾸겠어' '회사의 자금 사정이 힘든데 직원들 월급은 줄 수 있을까' 등 늘 돈 걱정을 안고 살면 스트레스가 쌓입니다.

돈에 여유가 있으면 정신적으로 안정되어 스트레스도 느끼지 않습니다. 이것이 수명을 늘려주는 작용을 하겠지요(돈이 많으면 관리하느라 걱정되기는 할 겁니다).

참고로 부모가 일이나 돈 때문에 고민하고 있으면 아무리 숨기려 해도 아이들은 그걸 예민하게 다 느끼고 스트레스에 '전염'되어 버립니다.

미국 캘리포니아대학의 사라 워터스Sara Waters는 이런 현상을 '스트레스 전염'이라고 했습니다. 돈이 없다고 부모가 불안한 마음으로 생활하면 아이도 불안을 느끼게 됩니다. 아이를 걱정시키지 않기 위해서라도 마음에 여유가 생길 정도의 돈은 필요합니다.

"부자 따위 안 돼도 상관없어" "돈은 그다지 중요하지 않아"

　　　　　　　　　　　　　　　　　　　내 마음이 왜 이럴까?

라며 돈에 대해 괜한 거부감을 갖지 말고 가능하면 부자가 되세요. '돈이 인생의 전부'는 아니지만, 현실에서는 돈이 있느냐 없느냐로 삶의 많은 부분이 정해지기도 합니다.

41.
한번 올라간 생활 수준은 낮추기 어렵다

여러분 중에는 장래에 꼭 프로 스포츠 선수가 되겠다고 의욕에 가득 찬 사람도 있을 겁니다. 마음가짐은 정말 훌륭합니다. 그런데 여러분 나이일 때 한 가지 명심했으면 하는 것이 있습니다.

프로 선수는 경기에 따라 다르지만 엄청난 연봉을 받을 수 있어요. 정말로 100억 엔(약 900억 원)이 넘는 돈을 버는 선수도 드물지 않습니다. '저도 알아요. 돈을 많이 벌 수 있어서 프로 선수가 되고 싶은 건데요'라고 생각하는 사람도 있겠죠.

그럼 많은 돈을 번 프로 선수가 은퇴한 후에는 어떻게 되는지 알고 있나요? 번 돈의 대부분을 단기간에 다 써버리는 선수가 많다는 사실을 아는 사람은 별로 없습니다.

미국 캘리포니아공과대학의 카일 칼슨Kyle Carlson은 미국 미식축구리그NFL 선수들 가운데 실제로 16퍼센트가 은퇴 후 12년 이내에 개인 파산했다는 사실을 밝혀냈습니다.

NFL 선수가 평생 받는 연봉은 평균 320만 달러(약 44억 원)입니다. 평균 연봉이니 스타 선수가 아니라 평범한 일반 선수라도 40억이 넘는 돈을 번다는 뜻이죠. 그렇게 많은 돈을 불과 12년 만에 깨끗이 다 써버리고 파산하는 사람이 있다니 정말 놀라운 일입니다.

갑자기 엄청난 거금을 손에 쥐게 되면 고급 아파트와 고급 승용차를 구입하고 친구와 지인들에게 호화찬란한 선물을 하는 등 필요 없는 곳에 돈을 쓰기 쉽습니다. 생활 수준이 단번에 확 올라가지요. 한번 높아진 생활 수준을 다시 낮추기는 상당히 어렵습니다.

한창 일하고 돈을 벌 때는 어떻게든 씀씀이를 유지할 수 있겠지만 은퇴 후에도 같은 생활을 계속하려다가 파산하는 사례가 적지 않습니다.

찬물을 끼얹는 듯한 말을 해서 미안하지만 아무리 프로 선수가 되어서 수억, 수십 억, 수백 억이 넘는 돈을 벌더라도 검소한 생활을 해야 합니다. 계획 없이 화려한 생활을 한다면 눈 깜짝할 사이에 파산해 버린다는 사실도 잊지 마세요.

42.
고액 복권 당첨자의
심리 상태

현재 일본 복권 당첨금의 최고액은 제1285회 MEGA BIG 복권의 1등 당첨금 12억 엔(약 113억 원)입니다(일본 스포츠진흥센터의 발표).

〈유스풀 노동통계 – 노동통계 가공 자료집 2019〉에 따르면 대학이나 대학원 졸업자가 평생 버는 돈은 남성이 약 2.7억 엔(약 25억 원), 여성이 약 2.2억 엔(약 20억 원)이라고 합니다(도표 16). 졸업 후 바로 취직해서 60세 퇴직까지 풀타임 정규직으로 근무할 경우입니다. 물론 동일 기업에서 계속 근무하지 않을 수 있습니다.

만약 복권에 당첨되어 갑자기 12억 엔이라는 큰돈이 생긴다면 일하지 않고도 편하게 살 수 있을 거예요. 보통은 3억 엔(약 28억 원) 정도만 있어도 평생 살 수 있으니까요. 물론 흥청망청

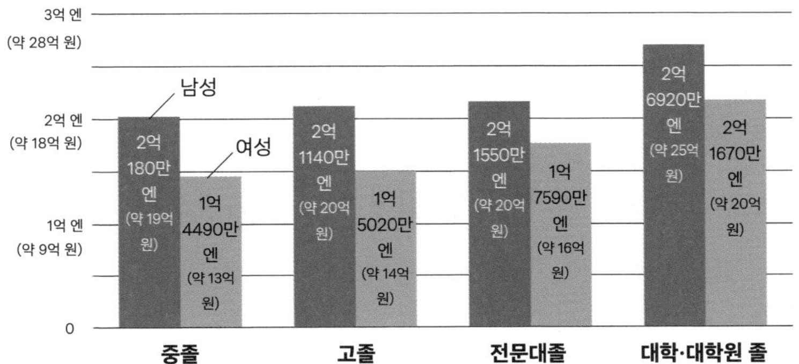

쓰면 금세 사라지는 금액이긴 합니다.

그렇다면 거액의 복권에 당첨된 사람은 평생 행복하게 살까요? 돈 걱정 없이 지낼 수 있어서 항상 기분이 좋고 신날까요? 안타깝게도 그렇지 않습니다.

사람이 느끼는 행복이라는 감정은 범위가 한정되어 있어요. 다양한 일을 겪으면서 일시적으로 오르락내리락하지만, 행복감은 시간이 지나면 원래 상태로 돌아간다는 사실이 연구를 통해 밝혀졌습니다.

복권에 당첨되면 정말 기쁘겠지요. 다만, 그 기쁨은 일시적인 감정에 지나지 않습니다.

미국 노스웨스턴대학의 필립 브릭먼^{Philip Brickman}은 일리노이

주에 거주하는 복권 고액 당첨자들에게 연락해 그들의 행복감을 추적 조사했는데요. 복권에 당첨되면 처음에는 큰 행복을 느끼지만 반년쯤 지나면 행복감이 원래 상태로 돌아간다는 사실을 알 수 있었습니다.

브릭먼은 교통사고로 하반신이 마비된 사람들의 행복감도 추적 조사했습니다. 우리는 교통사고를 당해서 평생 휠체어 생활을 할 수밖에 없게 된 사람들을 보면 대부분 행복하지 않을 거라고 짐작하지요.

그런데 그렇지 않았습니다. 사고 직후 교통사고 피해자들의 행복감은 크게 떨어졌지만, 반년 정도의 시간이 지난 뒤에는 '사고로 죽지 않고 살 수 있어서 감사하다'는 생각을 하며 사고 이전과 비슷한 정도의 행복을 느끼게 되었다고 합니다.

거액의 복권에 당첨된 후 느낀 행복감이나, 교통사고를 당한 후 느낀 불행감이 영원히 지속되지는 않는다는 뜻이지요.

만약 뭔가 불행한 일이 일어났다 하더라도 인생을 비관하지 마세요. '살다 보면 어떻게 할 수 없는 일도 있기 마련이지' '어쩔 수 없는 일이야'라는 생각으로 반년 정도만 잘 이겨내면(마음을 추스르기까지 힘들겠지만) 시간이 자연스레 해결해 줄 겁니다. 다시금 행복을 느낄 수 있을 테니까요.

　　　　　　　　　　　　　　　　　　내 마음이 왜 이럴까?

43.
학력이 필요 없는
시대가 온다?

"다가올 시대에는 학력 같은 건 상관없다"라고 극단적으로 말하는 사람들이 있는데요. 그렇지 않습니다. 일본은 예전부터 학력 사회였고 앞으로도 계속 그럴 거예요. 미국에서도 사회적으로 지위가 높은 직업을 가지기 위해서는 고학력이 필수 조건입니다. 높은 연봉을 받으려면 학벌이 좋아야 하죠. 일본도 다르지 않습니다.

미국 플로리다대학의 티모시 저지^{Timothy Judge}는 25~75세의 성인 수백 명을 대상으로 설문조사를 실시하여 그 사람의 소득을 결정짓는 요인이 무엇인지 알아보았는데요. 그 결과 1위는 '똑똑함', 2위는 '높은 자기 평가', 3위는 '학력'이었습니다. 머리가 좋고 자신감이 넘치며 학력을 갖춘 사람일수록 부자가 될 확률이 높다는 것이죠.

스포츠 선수로 성공하느냐 마느냐는 키나 체격 등 유전적인 요인이 큰 영향을 끼칩니다. 굉장히 불공평하죠. 스포츠 선수뿐 아니라 모델도 마찬가지입니다. 키가 작은 사람은 모델이 되겠다는 꿈조차 꿀 수 없으니 말이에요.

하지만 공부는 누구나 도전할 수 있는 분야입니다. 학력은 사람들을 공평하게 판단하는 기준이기 때문에 어디에서든 인정받기 쉽습니다. 학력이 좋으면 직업 선택의 폭이 넓어지고, 반면에 내세울 만한 학력이 없으면 원하는 곳에 취업하기 힘든 것이 현실입니다.

미국 일리노이대학의 닐 로즈 Neal Roese 는 인생에서 가장 후회되는 일에 대해 조사했는데요. '학력'에 관한 후회가 당당히 1위를 차지했습니다. '공부를 더 했으면 좋았을걸!' 하고 후회하는 사람이 가장 많았다는 것이죠.

물론 나이가 들어서도 공부는 할 수 있어요. 직장에 다니면서 대학에 진학하거나 자격시험을 쳐보기도 하고, 지긋한 나이에 의사 면허를 취득하는 등 다양한 사례가 있으니까요.

미래에 어떤 일을 하고 싶은지 아직 잘 모르겠다는 사람도 있을 텐데요. 그럴 수 있습니다. 저도 젊을 때는 제가 심리학자가 되리라고는 전혀 예상하지 못했으니까요.

하지만 하고 싶은 일을 찾지 못하는 것과 공부를 하지 않는 것은 별개의 문제입니다. 미래의 직업을 결정하는 건 '언제든지' 해도 되지만 공부는 '지금 당장' 시작하는 것이 좋습니다.

저는 초등학교 시절 졸업문집에 의사가 되고 싶다고 썼습니다. 여러분도 어린이집이나 유치원, 초등학교 졸업문집에 '장래 희망'을 쓴 적이 있을 텐데요. "나는 기상캐스터가 될 거야!" "난 배우가 되고 싶어!" "난 야구선수!" 하며 저마다 다양한 꿈을 적었을 겁니다.

꿈을 이루기 위해 노력하는 것은 매우 좋은 일입니다. 하고 싶은 일만 하면서 살 수 있다면 그보다 더 좋을 수는 없겠지요. 좋아하는 일을 하면서 돈도 벌 수 있다면 그야말로 행복 가득한 삶이 되지 않을까 싶습니다.

그런데 현실은 늘 그렇게 되지 않아요. 여러분의 꿈에 재를

뿌리고 싶지는 않지만 현실을 제대로 알려면 냉정한 말도 필요합니다. '이 일이 나의 천직'이다 싶은 직업을 가지면 기쁘기도 하지만 한편으로는 힘든 부분도 있습니다.

미국 워싱턴대학의 스튜어트 번더슨^{Stuart Bunderson}은 미국과 캐나다의 동물원에서 일하는 157명의 사육사를 대상으로 한 조사 결과를 발표했습니다.

동물원 사육사는 대부분 어린 시절부터 동물을 매우 좋아한 사람들입니다. 그런 의미에서 자신의 꿈을 이루었다고 볼 수 있겠죠. 동물을 좋아하지 않는 사람은 애초에 사육사가 될 꿈조차 꾸지 않을 테니까요.

번더슨은 사육사들에게 "이 일을 얼마나 천직이라고 생각하나요?"라는 질문과 함께 그들의 정신적인 건강 상태도 알아보았습니다. 그 결과, '자신의 일이 천직'이라고 느끼는 사람일수록 '번아웃 증후군'에 빠지기 쉽다는 사실을 알게 되었습니다.

번아웃 증후군이란 우울증의 일종으로, 의욕에 넘치던 사람이 지나치게 일에 몰두하다가 어느 시점에 아무것도 하기 싫어 무기력해지는 현상을 말합니다.

좋아하는 일을 하는데 어째서 번아웃 증후군이 오는 걸까요? 번더슨에 따르면 바로 좋아하는 일을 하기 때문이라고 합니다.

본인이 좋아하는 일이라고 느끼면 월급이 적더라도 불평하지 않고 자신의 노동력과 시간을 아낌없이 일에 바칩니다. 야근이나 휴일 출근도 마다하지 않습니다. 하지만 인간의 에너지에는 당연히 한계가 있기 때문에 계속 그런 식으로 일할 수는 없어요. 머지않아 한계가 찾아오면 번아웃 증후군에 빠지고 맙니다.

번더슨은 이러한 조사 결과를 바탕으로 좋아하는 일을 하는 것도 양날의 검이 될 수 있다고 경고했습니다. 좋아한다는 이유로 지나치게 일에 빠져들 위험이 있는 것이죠.

꿈을 이루어 원하는 직업과 직장을 가지게 되었다고 해서 지나치게 일에 몰두하는 것이 과연 좋은 일인지 생각해 보아야 합니다. 자기도 모르게 스트레스가 많이 쌓여 과로사 같은 상황을 맞게 된다면 너무 허무할 테니까요.

중요한 것은 일과 개인 생활의 균형 맞추기입니다. 아무리 일이 좋아도 개인 생활을 소홀히 하지 않도록 노력하세요. '일벌레'처럼 너무 일만 하지 말고 젊을 때부터 취미를 찾아 즐겨보세요. 취미 활동을 통해서 폭넓은 세대의 다양한 사람들과 교류하는 것도 좋습니다. 회사나 일 이외의 인간관계를 만들면 기분 전환을 할 수 있고 시야도 넓어지니까요.

45.
사회적 기술이 뛰어난
여성의 시대가 온다

제가 심리학자라서 그런 건 아니지만, 앞으로 무슨 공부를 할지 진로를 고민하는 사람이 있다면 저는 자신 있게 '심리학'을 배우라고 추천하겠습니다. 가볍게 하는 말이 아니에요. 심리학 공부는 앞으로 다가올 사회를 살아가는 데 누구에게나 많은 도움이 될 겁니다.

미국 하버드대학의 데이비드 데밍David Deming은 1980년 이후 고용이 늘어난 직업에 대해 조사했는데요. 거의 모든 직업군에서 '사회적 기술'이 중요하다는 사실을 알게 되었습니다.

사회적 기술이란 '대인관계 기술'을 말하는데요. 사람들과 원만한 관계를 유지하고 주위로부터 호감을 얻고 자신의 매력을 잘 전달하는 등의 기술을 들 수 있죠. 이런 기술을 배울 수 있는 유일한 학문이 바로 심리학입니다. 대학에서는 '대인관계 심리학'이라는 강의에서 관련 내용을 가르치고 있어요.

사회적 기술 면에서 여성이 월등히 뛰어나다는 사실은 이미 잘 알려져 있습니다. 여성은 남성에 비해 모르는 사람과도 금방 친하게 잘 지내는 편이죠.

일본 경제산업성은 현재 일본 내 전체 취업인구의 약 70퍼센트가 서비스 산업에 종사하고 있다고 밝혔는데요. 이런 추세는 앞으로도 계속 이어질 전망입니다. 미래에는 대부분의 사람들이 서비스 산업에 종사하게 될지도 모르겠습니다. 그러니 고객이나 팀 동료와의 소통 능력과 자신이 속한 단체를 좋은 분위기로 만들어갈 수 있는 능력을 기르는 것이 좋겠지요.

정보화나 인공지능이나 로봇 등 첨단기술이 발달하는 사회에서는 사람 간의 원활한 커뮤니케이션 능력이 더욱 중요해집니다.

남성 여러분, 주변에 있는 여성들을 관찰하며 대인관계 기술을 연마하세요. 싫어하는 사람과 무조건 거리를 둘 것이 아니라, 세상에는 나와 맞지 않는 사람이 훨씬 더 많다는 사실을 받아들이고 사회적 기술을 키워나가기 바랍니다.

46.
사회적 기술이 필요 없는
직업도 있다

대인관계를 어려워하는 사람에게 너무 겁을 준 것 같네요. 하지만 미래에는 대부분의 사람이 서비스 산업에서 일하고, 업무에서 '대인관계 기술'이 빛을 발하게 되리라는 점은 분명한 사실이에요. 하지만 그렇다고 해서 대인관계에 서툰 사람이 일할 곳이 전혀 없다는 뜻은 아닙니다. 예를 들면 프로그래머 같은 직종이 있지요. 프로그래머로 성공하는 데 대인관계 기술은 그렇게 많이 필요하지 않습니다.

미국 플로리다주립대학의 제럴드 페리스^{Gerald Ferris}는 106명의 프로그래머를 대상으로 조사를 실시했습니다. 먼저 '상대방의 입장에서 생각할 수 있다' '상황을 보고 어떻게 행동해야 할지 판단할 수 있다' '상대방의 표정을 읽을 수 있다' 등의 항목으로 프로그래머들의 사회적 기술을 측정했어요. 그리고 이들이 받는 연봉이 얼마인지도 물어보았습니다.

둘의 상관관계를 살펴본 결과, 프로그래머의 사회적 기술과 그들이 받는 연봉 사이에는 어떤 연관성도 없었습니다. 대인관계 능력은 프로그래머의 연봉과는 상관이 없었어요. 그렇다면 무엇이 프로그래머의 연봉에 영향을 주었을까요?

페리스는 이 부분도 조사했는데요. 가장 크게 영향을 끼치는 요인은 '얼마나 일에 몰두할 수 있는지'였습니다. 일에 집중할 수 있는 유형일수록 연봉이 높다는 사실이 확인되었습니다. 대인관계는 서툴러도 혼자 집중해서 하는 일에 강점이 있는 사람은 프로그래머 업무에 잘 맞는다고 할 수 있어요.

프로그래머를 예로 들었지만, 대인관계에 서툰 사람에게 적합한 일은 이 밖에도 많습니다. 대인관계에 자신이 없다면 그런 능력이 필요 없는 일을 찾아보면 좋겠지요.

농업이나 어업 같은 1차 산업도 대인관계가 크게 중요하지 않은 분야입니다. 묵묵히 작업에 몰두할 수 있는 사람에게 더 적합한 일이죠. 현재 일본의 1차 산업은 후계자가 부족해 농업과 어업 모두 쇠퇴하는 중인데요. 대인관계에 도무지 자신 없는 사람은 이 분야에 취업하는 것도 좋을 듯합니다. 후계자가 부족한 상황이기 때문에 일하겠다는 적극성을 보이면 분명 흔쾌히 받아줄 겁니다.

원하지 않는 일을 해야 하는 것만큼 정신적으로 괴로운 일은 없겠지요. 대인관계가 너무 어렵고 힘들다면 '가능한 한 사람들과 교류를 많이 하지 않아도 되는 일'을 지금부터 찾아보기 바랍니다.

47.
숫자에 강한 사람들은
어떤 일을 할까?

학창 시절에 유독 숫자에 강한 친구들이 있습니다. 보통 그런 친구들은 나중에 커서 과학자나 엔지니어가 될 거라고 예상하는데요. 꼭 그렇지만은 않습니다.

미국 피츠버그대학의 밍테 왕^{Ming-Te Wang}은 미국 전역의 1,490명을 대상으로 그들의 고등학교 3학년 성적과 33세가 되었을 때의 직업을 조사했습니다. 연구 결과는 매우 흥미로웠습니다.

'수학도 잘하고 언어 능력도 뛰어난' 학생들은 과학, 엔지니어링 등 이공계 분야에 진출하지 않았습니다. '수학은 잘하지만 언어 능력이 평범한' 학생들이 주로 이 분야에 종사하면서 그들

의 수적 감각을 발휘하고 있었습니다.

수학을 잘하면 과학이나 기술, 엔지니어링 등의 분야에서 활약할 수 있을 것 같은데, 수학뿐만 아니라 언어 능력까지 뛰어난 학생들은 이공계 분야에 국한하지 않고 창업을 하거나 변호사 혹은 투자가로 살아가는 등 좀 더 다양한 분야로 진출합니다.

저처럼 수학을 못하는 사람이 보기에는 '그 어려운 수학을 잘하는데 왜 다른 분야로 가는 걸까.' 하고 참견하고 싶은 마음도 생기는데요. 수학을 잘하면서 언어 능력까지 갖춘 사람은 수적 감각과 더불어 커뮤니케이션 능력이 필요한 분야에서 활약하면서 사회에 공헌하거나 새로운 일에 도전하는 경향이 있었습니다.

마이크로소프트사의 창업자 빌 게이츠는 하버드대학 재학 시절 뛰어난 수학 재능을 보였다고 해요. 하지만 수학자가 되지는 않았지요. 그는 상당한 독서가로도 유명하니 언어 능력도 뛰어났을 거예요. 어쩌면 그래서 창업가의 길로 들어설 수 있었던 것이 아닐까 싶습니다.

48.
다양한 심리학의 세계,
수입도 천차만별

대학 전공은 교육계열, 이공계열, 사회계열, 의약계열 등 다양한 분야로 나뉩니다. 여러 전공 중에서도 최근 '심리학과'가 인기를 얻고 있는데요. 심리학 전문가로서 아주 흐뭇한 소식입니다.

이 책을 읽는 독자 여러분 중에도 심리학에 관심이 있는 사람이 많을 거예요. 그렇지 않다면 굳이 이 책을 읽으려고 하지 않았을 테니까요.

심리학을 공부해서 취직하면 받을 수 있는 급여는 어느 정도일지 궁금하지 않나요? 안타깝게도 그렇게 높은 급여는 받지 못한답니다.

미국 인디애나대학의 D. W. 라제키[Rajecki]는 대학 졸업생들이

받는 첫 월급에 대해 조사했는데요. 심리학부 졸업생의 첫 월급
은 다른 학부 졸업생보다 '적다'는 사실을 확인했습니다. 그 이
후의 '급여 인상 수준도' 낮았습니다. 단순히 '받을 수 있는 월
급'만 따지면 문과 계열보다 과학이나 공학, 의학 등 이공계 졸
업생들의 월급이 더 많다고 할 수 있습니다.

혹시 월급 이야기에 심리학을 배우고 싶은 마음이 사라져버
렸나요?

그런데 심리학도 범위가 상당히 넓어서 사회심리학, 교육심
리학, 경제심리학, 생리심리학, 의료심리학, 스포츠심리학, 문화
심리학, 언어심리학 등 매우 다양한 분야로 나뉘어 있습니다.
어떤 심리학을 전공했는지에 따라서 당연히 급여에도 상당한
차이가 나지요.

예를 들어 경영심리학을 배우면 회사의 매니지먼트를 담당
하거나 직접 창업해서 기업 컨설팅을 통해 수입을 얻기 때문에
꽤 많은 돈을 벌 수 있습니다. 광고심리학이라는 분야도 있는데
대형 광고대행사에 취업하면 아무래도 많은 급여를 받을 수 있
습니다.

반면, 임상심리학을 배워서 전문 상담사나 심리치료사가 되
면 그렇게 많은 돈을 벌지 못할 수도 있습니다.

급여만 놓고 보면 '심리학은 돈이 되는 학문은 아니다'라고

할 수 있지만 심리학적 지식은 어느 업계에서 일하더라도 도움
이 됩니다.

할 수 있지만 심리학적 지식은 어느 업계에서 일하더라도 도움

Google

5장

'사회와 미래'로 배우는 심리학

49.
미래를 예상하는
간단한 방법

뭔가를 조사할 때 구글을 사용하면 아주 편리합니다. 구글은 단순한 정보 검색 도구를 넘어 '미래를 예측하는' 도구로도 알려져 있어요.

경제학자나 수학자, 사회학자, 심리학자 등 각 분야의 전문가들은 자국과 세계의 미래를 예측하는 일을 해야 하는데요. 앞날을 전망하는 것은 굉장히 어려운 일입니다. 정확하게 예측하기가 쉽지 않죠. 그런데 '구글 예측'은 가까운 미래에 대해서는 꽤 정확한 예측이 가능하다고 합니다. 정말 대단하죠?

미국 노스이스턴대학의 데이비드 레이저^{David Lazer}는 '구글을 사용하면 인플루엔자가 유행하는지 예측할 수 있다'는 내용이 담긴 놀랄 만한 연구 논문을 발표했습니다. 일본의 경우 후생노동성 등에서 감염병 데이터를 수집하는데, 숫자가 워낙 방대하다 보니 집계나 분석에 시간이 걸립니다. 예측하는 데 수개월 넘게 걸리는 것이 당연하지요. 그런데 구글 예측은 순식간에 결과를 내놓을 수 있습니다. '검색량'만 눈여겨보면 되니까요.

레이저에 따르면 구글에서 '인플루엔자'라는 단어의 검색량이 늘어나면 얼마 지나지 않아 인플루엔자 대유행이 발생한다고 합니다. '인플루엔자'의 검색이 줄어들 때는 유행도 일어나지 않습니다. 요컨대 특정 단어가 얼마나 검색되고 있는지를 조사하면 앞으로의 인기나 유행을 예측할 수 있는 셈이죠. 이것이 바로 구글 예측입니다.

"○○의 만화가 유행할까?"

"○○의 게임 2탄은 많이 팔릴까?"

이런 궁금증이 생길 때는 그 단어의 검색량을 확인해 보세요. 꽤 많은 사람이 검색한다면 틀림없이 유행할 겁니다. 만약 검색량이 그리 많지 않다면 별로 유행하지 않겠지요. 대략적이기는 하지만 구글로 이런 예측이 가능하다니 정말 흥미롭죠?

50.
초등학교 교과서로
경제를 예측한다?

"초등학교 교과서를 보면 20년, 30년 후의 경제 상황을 예측할
수 있습니다."

이런 말을 들으면 조금 의아하지 않나요? '왜 초등학교 교과
서인지' 궁금할 거예요. 왜냐하면 유소년기에 받은 교육은 성인
이 된 후에도 많은 영향을 끼치기 때문입니다.

초등학교 교과서로 경제 성장을 예측할 수 있다는 사실은 심
리학 연구에서도 확인되었습니다.

독일 뮌헨공과대학의 슈테판 엥게저 Stefan Engeser 는 독일 내의
각 주에서 사용하는 초등학교 2학년 교과서와 중학교 3학년 교
과서를 모아서 조사했습니다(독일에서는 각 주별로 다른 교과서를 사용하고

　　　　　　　　　　　　　　　　내 마음이 왜 이럴까?

있어요). 엥게저는 각각의 교과서에서 '해내다' '경쟁' '승리' '성공하는 것은 좋은 일이다' 등의 단어가 얼마나 많이 사용되었는지 측정했고, 각 주의 경제 발전 상황에 대해서도 조사했는데요.

그 결과, 경제가 발전하고 있는 주(바덴뷔르템베르크주)의 교과서에는 의욕이나 경쟁을 불러일으키는 단어가 많이 나온 데 비해, 경제가 거의 발전하지 않고 있는 주(브레멘주)의 교과서에는 그런 단어가 별로 나오지 않는다는 사실을 확인했습니다.

그렇게 보면 초·중학교의 교과서 선택이 매우 중요하다는 사실을 알 수 있죠. 교과서뿐만 아니라 ICT^{Information and Communication Technology} 교육(정보통신기술을 활용하여 학습 효과를 높이고 문제 해결 능력을 향상시키는 교육 – 옮긴이)이 활성화되면서 교육 환경이 날로 변화하고 있는 요즘에는 태블릿 PC를 활용한 교재도 역시 중요합니다.

일본에서는 과열되는 입시 전쟁과 수업에 뒤처지는 학생 증가에 대한 대책으로 2002년부터 2010년까지 '유토리 교육'이 본격적으로 시행된 적이 있습니다. 유토리^{ゆとり}는 일본어로 '여유'를 뜻하는데요. 학습 내용과 수업 시간을 줄이고 시험이나 운동회에서 순위를 없애 경쟁하지 않는 환경을 만들어 학생들이 여유롭게 스스로 좋아하는 일을 찾고 다양한 경험을 하면서 성장하도록 하는 것이 목적이었습니다.

유토리 교육을 받은 세대(1987년생부터 2004년생까지)는 2023년 현재 19~36세에 해당합니다. 이들은 앞으로 일본 경제와 문화를 이끌어 갈 주역으로 주목받고 있지요.

엥게저의 연구대로라면 일본은 경쟁을 선호하지 않는 느긋한 나라라고 말할 수 있겠네요.

51.
미디어의 강력한 영향력에
휘둘리지 않기

텔레비전 방송이나 영화, 인터넷 기사 등 우리는 미디어를 통해 다양한 정보를 얻을 수 있어요. 이러한 미디어의 영향력은 우리가 상상하는 것보다 훨씬 큽니다. 자신의 의견이나 신념, 좋고 싫음까지, 스스로 결정했다고 여기지만 사실은 무의식중에 미디어의 영향을 받았는지도 모릅니다.

미국 콜비 칼리지의 필립 브라운^{Philip Brown}은 2004년 인도네시아 수마트라섬 대지진 발생 이후에 나온 미국의 언론 보도와 성금 모금액 사이의 연관성을 조사했습니다. 모든 언론을 조사하기는 어려웠기에 연구팀은 〈뉴욕타임스〉와 〈월스트리트저널〉로 조사 대상을 한정하고, 보도된 기사의 글자 수를 측정하여 관런 소식을 지면에서 얼마나 크게 다루었는지 살펴봤습니다.

그 결과, 지진 관련 기사가 크게 다뤄질수록 성금 모금액도 많아진다는 사실을 확인했습니다. 구체적으로는 관련 기사의 글자 수가 700자 늘면 모금액도 18.2퍼센트 늘었다고 합니다.

언론이 다루지 않는 사건은 '존재하지 않는 일'처럼 취급됩니다. 언론이 크게 다루면 다룰수록 사람들은 '이거 큰일 났다!' 싶은 감정을 느끼죠. 세상에서 일어나는 일들은 미디어에서 어떻게 다루는지에 따라 그 중요도가 결정된다고 할 수 있습니다.

최근의 사례를 들자면 신종 코로나바이러스 감염증(코로나19)

에 관한 뉴스가 있지요. 일본에서는 다행히 다른 나라에 비해 사망자 수가 압도적으로 적었음에도 매일 뉴스 보도가 이어져 전 국민이 코로나 감염 공포에 벌벌 떨었습니다. 코로나 감염으로 인한 사망보다 교통사고나 자살로 인한 사망이 더 많으니 사망 위험은 코로나 쪽이 더 낮을 텐데도, 외출하는 사람들이 큰 폭으로 줄었고 거의 모든 사람이 마스크를 썼습니다. 몇 년이 지나서 '이제는 마스크를 안 써도 되지 않나?' 하고 내심 생각하면서도 여전히 마스크를 쓰는 사람들이 대부분이죠.

미디어에는 우리의 마음을 조종하는 힘이 있습니다. 이것을 '여론 조작'이라고 하는데요. 미디어가 생산해 내는 일방적인 정보에 휘둘리지 않아야 한다는 점을 명심하세요.

52.
불의를 보고 참는 건 나쁜 걸까?

만약 여러분이 범죄 현장을 목격한다면 어떻게 행동할 것 같나요? 가령 전철 안에서 술에 취해 옆 사람에게 시비를 걸거나 젊은 여성을 추행하는 사람을 목격한다면 여러분은 그 사람을 제지할 수 있나요?

예상하건대 아마 그렇게 하지 못할 겁니다. 그렇다고 여러분이 겁쟁이라는 말은 아니에요. 누구나 자신이 곤란해질 것 같은 상황에서는 선뜻 나서지 못하기 마련이니까요.

불의를 보고도 외면하는 자신을 발견할 때 '나는 정말 비겁한 인간이야.' 하고 자책하는 사람도 있을 텐데요. 자신을 비난하지 마세요. 대부분의 사람들이 행동하지 못합니다. 혼자만 그런

게 아니니 안심해도 괜찮아요.

미국 노스캐롤라이나주립대학의 대럴 스테펀스마이어^{Darrell} ^{Steffensmeier}는 한 슈퍼마켓의 협조를 얻어 실험을 진행했습니다. 실험 도우미가 도둑질하는 장면을 연출해 다른 손님이 이를 목격하게 하는 실험이었는데요. 손님이 잘 알아차릴 수 있게 도우미가 바로 옆에서 노골적으로 물건을 훔쳐 계산대가 아니라 그대로 출구를 향해 밖으로 나가는 상황을 연출했지요. 그런 다음 얼마나 많은 손님이 점원에게 이 사실을 알리는지 몰래 관찰했습니다.

그 결과, 절도범이 남자든 여자든, 목격자가 남자든 여자든 상관없이 도둑이 들었다는 사실을 점원에게 알려주는 사람은 '거의 없다'는 사실을 확인했습니다. 점원에게 알려준 사람도 있긴 했지만, 그때는 물건을 훔친 사람이 허름한 옷차림인 경우였습니다. 말끔하게 차려입은 사람이 물건을 훔쳤을 때는 아무도 나서지 않았습니다.

세상에는 매일 다양한 사건 사고가 발생합니다. 사건이 생길 때마다 뉴스 해설자는 "왜 주변에서 도와주려는 사람이 아무도 없었을까요?"라고 말하지만, 심리학적인 관점에서 볼 때 나쁜 짓을 하는 사람을 막는 것은 굉장히 어려운 일입니다.

심리적인 저항 때문에 대개는 보고도 못 본 척하는 것이 보통입니다. 그러니 나서서 말리지 않았다는 이유로 그 사람을 비난해서는 안 됩니다. 누구나 같은 상황에 놓이면 방관하는 일이 흔하니까요.

53.
열대 지방의 언어와 종교가 다양한 이유

열대 지방에 있는 나라들은 신기할 정도로 언어와 종교가 다양합니다. 예를 들어 인도에는 약 600개(방언을 제외하면 약 260개)의 언어가 있다고 하는데요. 어째서 이렇게 많은 언어가 존재하는 걸까요?

미국 뉴멕시코대학의 코리 핀처Corey Fincher는 전 세계 219개국의 종교 수와 전염병 수를 조사하여 둘 사이의 강력한 연관성을 확인했습니다. 종교가 다양한 나라에는 전염병 수도 많았습니다. 핀처는 이렇게 많은 언어와 종교, 문화가 존재하는 이유는 전염병을 예방하기 위해서라고 설명했습니다.

특히 열대 지방에 있는 나라에서는 풍토병이나 전염병에 걸려 목숨을 잃는 사람이 많았습니다. 의료 기술이 발달하지 않은 시대에 질병을 피하는 방법은 다른 마을 사람들과 접촉하지 않는 것이었지요. 대개 질병은 다른 마을에서 유입되는 경우가 많았기 때문에 병에 걸리지 않으려면 접촉 자체를 하지 않는 것이 제일 좋은 방법이었습니다. 그래서 자연스레 폐쇄적인 마을 사회가 만들어졌고, 이로 인해 서로 다른 언어와 종교를 갖게 되었을 것이라고 핀처는 추측했습니다.

지금은 그야말로 세계화 시대가 되면서 인적 교류도 계속 늘고 있습니다. 하지만 세계적으로 유행한 코로나 사태로 인적 교류가 한순간에 멈추기도 했지요. 그러나 코로나19 종식과 함께 국제 교류도 서서히 늘어나 예전 모습을 회복했습니다.

이제는 의료 기술이 발달해서 옛날에 비하면 전염병도 그다지 두려운 존재가 아닙니다. 의료 기술의 발달에 정말로 감사할 따름입니다.

54.
자폐증과 ADHD가 급증하는 진짜 이유

자폐스펙트럼장애[ASD], 이른바 자폐증을 앓는 환자가 급증하고 있습니다.

자폐증의 특징적인 증상으로는 눈맞춤을 하지 않는다, 표정이 없다, 이름을 불러도 반응이 없다, 혼잣말이 많다 등이 있는데요. 이런 증상을 보이는 자폐 아동의 수가 눈에 띄게 증가하고 있다고 합니다.

자폐증이 급증하는 현상을 두고 전문가들은 이렇게 분석합니다.

"부모의 가정교육이 잘못되었다."

"일본 사회가 엉망이 되어서 그렇다."

“학교 교육이 문제다.”

정말 부모의 가정교육이나 학교 교육이 문제라서 자폐 아동이 늘고 있는 걸까요?

미국 위스콘신대학의 모턴 앤 게른스바허 Morton Ann Gernsbacher 는 자폐 아동이 증가하는 것은 그런 이유 때문이 아니라고 주장합니다. 게른스바허에 따르면 자폐증이 급증하는 진짜 이유는 단순히 ‘진단 기준이 완화되었기’ 때문입니다. 카운슬러나 정신과 전문의는 일정한 기준에 따라 자폐증 진단을 내립니다. 마음대로 진단할 수는 없으니 당연한 이야기지요.

1980년에 개정된 DSM-Ⅲ라는 자폐증 진단 기준에는 여섯 개의 항목이 있고 여기에 모두 해당하는 경우에만 자폐증 진단이 내려졌습니다. 이 기준이 변경되어 지금은 열여섯 개 항목 가운데 여덟 개에 해당하면 자폐증으로 진단할 수 있습니다. 즉 진단 기준이 완화되었기 때문에 자폐증으로 진단받는 아이들이 많아졌다는 분석이죠. 교육 시스템이나 사회의 잘못이 아니며, 더군다나 부모의 교육이나 가정환경 탓도 아닙니다.

그런데 왜 자폐증 진단 기준이 완화되었을까요? 이것은 모두 어른들의 사정 때문입니다. 정신질환을 앓는 사람이 늘어날수록 제약회사는 이익을 얻습니다. 그래서 로비 활동으로 정치인에게 압력을 행사해 정신질환 진단을 많이 내릴 수 있도록 기준을 완화한 것이죠.

이는 자폐증뿐만 아니라 다른 질환도 마찬가지입니다. 주의력 결핍 과잉행동장애^{ADHD}라는 질환이 있습니다. 대표적으로 나타나는 증상은 주의력 부족(집중하지 못한다), 과잉 행동(가만히 있지 못한다), 충동성(돌발적인 행동) 등입니다.

캐나다 브리티시컬럼비아대학의 리처드 모로^{Richard Morrow}는 93만 명 이상의 6~12세 아동을 대상으로 ADHD 진단을 받게 될 위험성을 조사했습니다.

조사 결과, 캐나다(1월생부터 12월생까지 같은 학년)에서는 12월생이 1월생보다 ADHD로 진단받을 위험이 있으며 남아는 30퍼센트, 여아는 70퍼센트나 더 높았습니다. 또 약을 처방받을 가능성도 남아는 41퍼센트, 여아는 77퍼센트나 더 높았습니다. 생일에서 1년 가까이 차이가 나면 성장 발달에 차이가 생기는 것도 당연하기는 하지요.

일본에서도 발달장애에 대한 관심이 높아지면서 아이를 바라보는 교사나 부모들의 시선이 바뀌었다는 이야기를 들은 적이 있습니다. 지금까지는 그저 '손이 많이 가는' 아이라 여기고 넘어갔는데, 이제는 특정 행동을 보면 '발달장애가 아닐까?' 하고 생각하게 되었다고 합니다. 아이의 특성에 맞는 환경을 만들어주기보다 병원 진찰이나 투약이 우선시되는 지금의 상황을 우려하는 목소리도 들립니다.

　아이마다 성장 발달 하는 속도는 천차만별입니다. 빠른 아이도 있고 느린 아이도 있어요. 주변에 있는 어른이나 친구들이 긴 안목으로 따뜻하게 지켜봐 주는 것도 중요하겠지요. 여러분의 생각은 어떤가요?

55.
마약보다 위험하고
끊기 어려운 것

전철역이나 거리에 붙어있는 '마약 퇴치' 포스터를 종종 발견하곤 합니다. 여러분도 학교에서 "마약에 손대면 인생이 망가진다"라고 배웠을 거예요.

마약도 정말 무서운 존재지만, 전문가들은 한목소리로 "마약보다 위험한 것이 있다"라고 경고합니다. 이런 경고에도 일본에서는 크게 경각심을 느끼지 못하고 있는데요. 마약보다 위험하다는 것은 그만큼 우리 몸에 매우 해롭다는 뜻입니다.

네덜란드 건강보호연구소의 얀 반 암스테르담Jan van Amsterdam은 의사, 약사, 정신과 전문의, 독물학자, 사회과학자, 역학자 등의 전문가들을 모아 19종의 불법 약물과 술, 담배의 유해성^{중독}

성, 의존성, 사회에 미치는 영향 등) 정도를 순위로 매겼습니다.

그 결과, 가장 위험하다고 판정된 1위는 크랙 코카인이고 2위는 헤로인이었습니다. "마약은 인생을 망친다"라는 말 그대로의 결과지요. 놀라운 것은 그다음 순위입니다. 3위가 담배, 4위가 알코올이었습니다. 담배와 술이 LSD나 엑스터시 같은 마약보다 훨씬 더 건강에 해롭다는 것이죠.

편의점에서도 손쉽게 살 수 있는 담배와 술이 마약보다 더 유해하다는 점을 잊어서는 안 됩니다. '마약은 안 되지만 담배 정도는 괜찮아'라고 생각한다면 절대 그렇지 않습니다. 담배와 술은 마약보다 위험하다는 전문가들의 경고를 명심하세요. 담배나 술은 시작하기는 쉽지만 끊기가 굉장히 어렵습니다.

미국 컬럼비아대학의 카타리나 로페즈 퀸테로^{Catalina Lopez-Quintero}는 미국 전역에서 모집한 4만 3,093명을 대상으로 여러 의존증의 생애 관해율(평생 동안 중독을 끊을 수 있는 비율)을 조사했습니다(도표 17).

그 결과, 코카인 중독이 99.2퍼센트, 대마초 중독이 97.2퍼센트였습니다. 코카인과 대마초 의존증에서 벗어나는 데 성공하는 사람이 100퍼센트에 가깝다는 사실을 확인했습니다. 젊을 때 코카인 중독에 빠지더라도 시간을 들이면 끊을 수 있어요.

그런데 알코올 중독의 생애 관해율은 90.6퍼센트, 니코틴 중

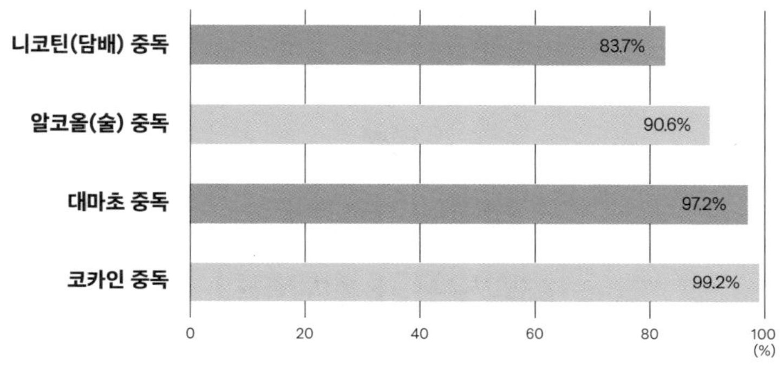

(참고 자료: 카타리나 로페즈 퀸테로의 조사 결과)

독은 83.7퍼센트입니다. 코카인이나 대마초보다 담배와 술을 끊기가 더 어렵다는 것을 알 수 있습니다.

재미 삼아 호기심으로 담배와 술에 손을 대지 않도록 하세요. 일단 의존증에 걸리면 그만두기가 굉장히 힘들고 마약 이상으로 몸에도 해롭다는 사실을 잊어서는 안 됩니다.

56.
결혼과 이혼에도
쿨링오프가 필요하다

사람이라면 누구나 잘못된 결정을 내릴 때가 있습니다. 아무리 머리가 좋은 사람도 피해 갈 수 없어요. "실수는 인간의 본성이다"라는 말이 있을 만큼 인간은 본래 실수를 저지르는 존재입니다.

결혼을 결정할 때도 그렇습니다. 결혼을 꼭 하겠다고 생각하는 사람이 있을 거예요. 이미 결혼해서 '아, 잘못했다!'라고 후회하는 사람도 있을 테고요.

어떻게 하면 결혼할 때 실수를 피할 수 있을까요? 급하게 결정하지 않으면 됩니다.

쇼핑할 때도 마찬가지예요. 얼떨결에 엉뚱한 물건을 사놓고 후회하고 있다면, 앞으로는 이 물건이 과연 나에게 정말 필요한지 판단할 시간을 가져보세요. 그렇게 하면 조금은 만족스러운 쇼핑을 할 수 있어요.

일본의 경우 관공서에 가서 혼인신고서를 제출하면 즉시 서류 처리가 끝나고 혼인 관계가 인정됩니다. 결혼은 정말 하기 쉽습니다. 이렇게 '척척 진행되는' 것이 사실은 문제입니다. 어렵지 않게 결혼할 수 있다 보니 잘못된 결정을 내리고 마는 사례가 많습니다.

이혼도 똑같습니다. 이혼신고서를 제출하면 간단히 이혼할 수 있습니다. 아이를 생각해서 양육비 문제는 어떻게 할지 상의

하는 등 부부 사이에 충분한 합의가 필요한데, 그런 과정을 거치지 않고도 이혼할 수 있으니 결국 나중에 가서야 이런저런 후회를 하게 되죠.

이 같은 판단 착오를 피할 좋은 방법이 있습니다. 바로 쿨링오프 Cooling off 기간(냉각기간)을 갖는 겁니다. 결혼하고 싶어도 쉽게 결혼하지 못하는 기간을 만들어두면 잘못 결정했다 싶을 때 결혼을 취소할 수 있습니다. 이혼할 때도 마찬가지겠죠.

일본에는 없는 제도이지만 미국에서는 결혼할 커플에게 결혼허가증이 발급될 때까지 쿨링오프 기간을 정해두려는 주도 있습니다.

미국 캘리포니아공과대학의 콜린 캐머러 Colin Camerer 는 "사람의 마음이란 변하기 마련이니 차분하게 생각할 기간을 두면 후회하는 결혼을 막을 수 있을 것"이라고 지적합니다.

미국에서는 캘리포니아주나 코네티컷주처럼 이혼이 정식으로 인정되기까지 일정한 냉각기간을 두도록 정해놓기도 합니다. 이렇게 해서 이혼이 과도하게 늘어나는 것을 억제하고 있어요.

중국에서도 쉽게 이혼하는 사람이 증가하자 30일간의 쿨링오프 기간을 두는 제도를 도입했습니다. 이 제도의 효과가 있었던 듯, 2021년에는 이혼 신고가 대폭 줄었다고 합니다. 일본에서도 머지않아 이런 제도가 생길지도 모르겠네요.

 내 마음이 왜 이럴까?

사랑하는 연인이 바로 부부가 되지 못하는 것은 안타깝지만 결혼 실패를 피하기 위해서는 그런 기간이 있어도 좋을 듯합니다.

40kg
185cm

6장

'거짓과 진실'로 배우는 심리학

57.
우리의 '기억'은
거짓말을 한다

여러분은 세 살 때의 일을 기억할 수 있나요? 기억할 수 있다고 해도 어쩌면 그 기억은 가짜일지도 모릅니다. 왜냐하면 우리의 기억은 컴퓨터의 하드디스크에 저장된 데이터와 다르게 모르는 사이에 가공되고 수정되고 변형되는 성질을 지녔기 때문입니다. "하지만 저는 어릴 때 일을 생생하게 기억하고 있어요!" 라며 자신 있게 반박하고 싶은 사람도 있을 거예요.

그런데 그 기억은 정말 사실일까요? 부모님이나 형제자매에게 들은 이야기를 자기 머릿속에서 만들어냈을 가능성은 없을까요? 기억이란 다른 사람의 이야기를 듣다 보면 조금씩 바뀌기 마련입니다.

흥미로운 연구 사례가 있습니다. 미국 하버드 경영대학원의 캐서린 브라운^{Kathryn Braun}은 107명의 대학생에게 어린 시절에 보았던 여러 가지 애니메이션에 대해 질문했습니다. 그리고 '어릴 때 디즈니랜드에서 벅스 버니 캐릭터를 만나 악수한 적이 있는지' 물어봤죠. 디즈니랜드에 갔던 기억이 있는 사람들은 "악수한 적이 있다"라고 응답했습니다.

"악수한 적이 있다"는 사람에게는 그 기억을 얼마나 신뢰할 수 있는지도 물었는데요. 그들은 "분명히 맞다"라고 대답했습니다. 어렴풋한 기억이 아니라 자기 머릿속에 뚜렷하게 남아 있는 기억이라는 말이지요.

하지만 안타깝게도 그 기억은 틀렸습니다. 벅스 버니는 워너 브러더스사의 애니메이션 캐릭터라서 디즈니랜드에 있을 리가 없기 때문이에요. 우리의 기억이 애매하더라도 아주 자신 있게 "그렇다"라고 말한다는 사실을 이 실험을 통해 알 수 있습니다.

자신의 기억이 사실인지 아닌지는 간단한 테스트로도 확인할 수 있어요. 예컨대 여러분의 기억 속에 자신의 어릴 적 모습이 등장하나요? 만약 그렇다면 그건 가짜 기억입니다. 왜냐하면 자기 모습은 자기가 볼 수 없기 때문이지요. 진짜 기억이라면 나의 눈에 비친 모습일 텐데 내 모습을 내가 볼 수는 없는 일이잖아요.

위에서 내려다보는 풍경이 그려진 기억도 역시 가짜입니다. 조금만 생각해 보면 알 수 있듯이, 아이는 키가 작으니까 모든 장면을 밑에서 올려다보는 각도로 기억하고 있을 겁니다. 그러니 그런 기억이 아니라면 모두 가짜 기억이라고 할 수 있어요.

어린 시절 친구들과 오랜만에 만나 이야기를 나누다 보면 유소년기의 기억이 애매하다고 느낄 때가 있을 겁니다.

"그러고 보니 초등학교 3학년 때 우리 같이 근처 산으로 놀러 갔었지."

"나는 그 산에 올라간 기억이 없는데. 나 말고 다른 애랑 간 거 아냐?"

우리는 앨범 사진을 보거나 부모님 또는 친척들의 이야기를 들으면서 어린 시절의 기억을 조작하고 그것을 자신의 기억이라고 믿어버리는 경우가 많습니다. 그러니 자신의 기억을 너무 확신하지는 마세요.

58.
자신을 포장하는
작은 거짓말

우리는 조금이라도 남에게 자신을 잘 보이려고 애를 씁니다. 자신을 좋게 포장하려는 마음은 당연한 감정이니 절대 부끄러워하지 마세요. 정도의 차이는 있지만 누구나 자기 자신에 대해서는 거짓말을 합니다.

미국 코넬대학의 카타리나 토마Catalina Toma는 온라인 소개팅 서비스를 이용하는 80명에게 "솔직히 자신의 프로필을 속이고 있지 않나요? 만약 그렇다면 어떤 거짓말을 했는지 알려주세요"라고 요청했습니다.

거짓말을 하고 있다고 솔직하게 밝히기는 꽤 부담스러웠을 텐데요. 과학적인 연구를 위한 설문이기도 하고 익명성을 보장하겠다는 말에 이용자들은 흔쾌히 협조해 주었습니다.

답변을 분석한 결과, 남성은 키를 속이고 여성은 몸무게를 속인다는 사실을 확인했습니다. 온라인 소개팅이라는 이유 때문인지 남성들은 자신을 조금이라도 키가 큰 사람으로, 여성들은 자신을 조금이라도 날씬한 사람으로 포장하면 이성에게 인기가 많으리라고 판단한 듯합니다. 결국 남성과 여성 모두 프로필을 속이고 있었죠. 그렇긴 하지만 거짓말의 수위를 보면 '아주 약간' 부풀리는 정도라는 점도 확인되었습니다.

키가 150센티미터인 남성이 "내 키는 186센티미터"라는 식으로 사실과 너무 많이 차이가 나는 거짓말은 하지 않았습니다. 여성도 마찬가지로, 몇십 킬로그램이나 속이는 심한 거짓말이 아니라 겨우 몇 킬로그램 정도 줄이는 귀여운 거짓말이었습니다.

사람들은 금방 들통 날 거짓말은 하지 않습니다. 아주 조금 덧칠할 뿐이죠. 이런 심리에는 왠지 공감이 갑니다. 저도 많이 하는 행동이라서요.

SNS에서 다른 사람의 프로필이나 타임라인을 볼 때는 전부 다 믿지 말고 약간의 거짓말도 섞여 있다고 생각하세요. 비난하고 화낼 만큼 그리 대단한 거짓말도 아니겠지만요. 그 사람에게도 나쁜 의도는 없으니 '잘 보이고 싶었구나.' 하고 넓은 마음으로 이해해 주세요.

59.
소문이나 도시 괴담은 왜 계속 퍼져 나갈까?

세상에는 이상한 소문이나 괴담이 퍼지는 경우가 많습니다. 제가 어릴 적에는 '빨간 마스크'라는 도시 괴담이 유명했습니다. 외과 수술에 실패해 입이 귀 아래까지 찢어진 젊은 여자가 칼을 들고 쫓아온다는 황당무계한 이야기인데요. 저는 이 괴담을 듣고 정말로 겁에 질려서 마스크를 쓴 젊은 여성을 보면(그냥 감기에 걸려서 썼을 텐데도) 달음박질쳐서 도망갔던 기억이 있습니다. 이런 도시 괴담은 어째서 그렇게 순식간에 퍼지는 걸까요?

미국 스탠퍼드대학의 칩 히스^{Chip Heath}에 따르면 도시 괴담이 퍼지는 배경에는 '위험을 피하려는' 이유가 있다고 합니다.

히스는 책이나 인터넷에서 76개의 도시 괴담을 수집해 대학생들에게 읽힌 다음 '사람들에게 얼마나 그 이야기를 전달하고 싶은지' 물어보았는데요. 이때 학생들이 읽은 도시 괴담의 내용도 함께 확인했습니다.

조사 결과, 공포나 불쾌감을 주는 내용일수록 '남에게 이야기하고 싶은' 마음이 생긴다는 사실을 알게 되었습니다.

왜 무서운 괴담일수록 사람들에게 알리고 싶어질까요? 히스에 따르면 '생존 관련 정보로서 가치가 높기' 때문이라고 합니다. 가령 "거긴 위험하니까 근처에 가지 않는 게 좋아"라는 이

야기를 들으면 미리 조심할 수 있으니 생명과 연관되는 위험을 낮출 수 있겠지요.

괜한 불안이나 공포를 부추겨서는 안 되겠지만, 심리학적으로 누구나 안심하고 안전하게 살고 싶은 마음이 있기 때문에 생명에 위협이 되는 소문일수록 잘 퍼지고 잘 믿게 되는 경향이 있습니다.

근거 없는 소문이라고 해도 만에 하나 그 이야기가 사실이면 누군가가 죽을 수도 있잖아요. 만일을 위해 근처에 가지 않도록 조심하면 생명을 잃게 될 위험을 조금이나마 낮출 수 있지요. 소문이라도 도움이 될지 모르니 다른 사람에게도 알려줘야겠다는 심리가 작용하기 때문에 소문이나 괴담이 계속 퍼져 나간다니, 어떻게 보면 인간적인 심리가 작동하는 현상이네요.

60.
의심스러운 상품도
효과는 있다

잡지를 보다 보면 표지 뒷면에 어딘지 의심스러운 상품 광고가 실려 있는 경우가 있습니다. 키를 크게 해주는 기구, 행운을 불러오는 파워 스톤, 머리가 좋아지는 영양제, 듣기만 해도 잠재능력이 개발되는 오디오북 등 종류도 다양한데요. 뭔가 수상한 기운이 느껴지죠. '이런 물건을 사는 사람이 있을까?' 싶기는 하지만 그렇다고 상품 효능이 전혀 없는 것도 아닙니다. 효능이 있다고 굳게 믿으면 실제로 효과를 볼 수 있겠죠. 물론 플라세보 효과일 뿐이지만요.

미국 워싱턴대학의 앤서니 그린월드^{Anthony Greenwald}는 포스터와 신문으로 실험 참가자를 모집하여 5주 동안 서브리미널 효

내 마음이 왜 이럴까?

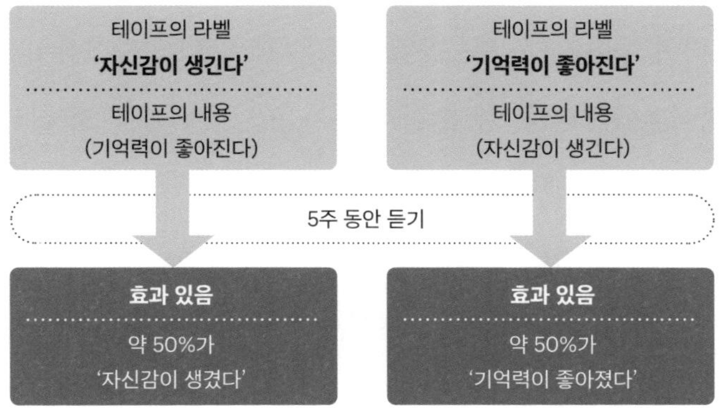

(참고 자료: 앤서니 그린월드의 실험 결과)

과 Subliminal Effect(의식하기 힘든 작은 자극으로 인간의 잠재의식에 영향을 주는 것 – 옮긴이)를 노린 메시지가 담긴 오디오 테이프를 들려주는 실험을 진행했습니다(도표 18).

한쪽 그룹에는 '자신감이 생긴다'라는 라벨이 붙은 테이프를 빌려주고 5주 동안 듣게 했고, 나머지 절반에게는 '기억력이 좋아진다'라는 라벨이 붙은 테이프를 빌려주고 마찬가지로 5주 동안 듣게 했습니다.

5주 후 참가자들에게 효과가 어땠는지 물어본 결과, 두 그룹 모두 약 50퍼센트가 "효과가 있었다"라고 응답했습니다.

하지만 그린월드가 참가자들에게 나눠준 테이프는 라벨이

반대로 되어 있었습니다. '자신감이 생긴다'라는 라벨이 붙은 테이프의 내용물은 실제로는 '기억력이 좋아지는' 테이프이고 '기억력이 좋아진다'라는 라벨이 붙은 테이프는 '자신감이 생기는' 테이프였습니다. 즉 실험 참가자들은 라벨과 전혀 관련 없는 내용을 들은 셈인데, 그래도 절반의 참가자에게 효과가 있었다(라고 느꼈다)는 겁니다.

결국 본인이 효과가 있다고 믿으면 테이프의 내용이 거짓이라도 나름대로 효과가 있다(라고 느낀다)는 사실을 그린월드의 실험으로 알 수 있습니다.

잡지의 표지 뒷면에 광고로 실린 수상쩍은 상품이 완전히 가짜 상품이라는 말이 아니라, 스스로 효능이 있다고 믿는다면 나름의 효과를 기대할 수 있다는 뜻입니다.

하지만 대개 그런 상품은 효과가 확실치 않고 비교적 비싼 가격에 판매되는 경우가 많으니 굳이 구매할 필요는 없습니다. 자기 암시는 돈 들이지 않고 혼자서도 할 수 있으니까요.

저도 학창 시절에 '두뇌에 좋다'는 포도당이나 DHA 등을 다량 함유한 영양제를 사서 먹어 본 기억이 있습니다. 그다지 비싸지 않아서 후회는 없지만, 지금 생각하면 크게 필요 없었던 것 같습니다.

61.
사춘기에는 정말
감정이 불안정해질까?

사춘기에 접어들면 감정 기복이 심해지고 스스로 감정 조절하기가 쉽지 않다고들 합니다. 불안함과 초조함을 느끼고 반항심이 생기는 등 감정이 요동친다고 해서 '질풍노도의 시기'라 불리기도 하지요.

그런데 사춘기인 여러분은 어떤가요? 자신의 감정을 주체할 수 없을 때가 있나요? 유리창을 깨뜨리거나 훔친 오토바이로 질주하고 싶은 충동에 사로잡히나요? 실제로는 그런 일 없이 평온한 일상을 보내고 있지 않나요?

미국 노스웨스턴대학의 대니얼 오퍼 Daniel Offer 는 '질풍노도의 시기'가 '근거 없는 속설'에 불과하다고 생각했습니다. 현실 속

중고등학생 중에는 자신의 감정에 휘둘리는 사람이 별로 없어 보였기 때문이죠.

실제로 조사해 본 결과, 조사 대상자의 80퍼센트는 사춘기를 문제없이 잘 넘겼다는 사실을 알 수 있었습니다. 즉 대부분의 청소년들에게 사춘기는 크게 걱정할 만한 시기가 아니었던 거죠.

그렇다면 나머지 20퍼센트는 어째서 사춘기를 잘 극복하지 못했을까요? 이들 중에는 가족이나 친구에게 필요한 도움을 받지 못한 사람이 많았습니다. 즉 가족이나 친구에게 고민을 털어놓거나 도움을 요청할 수 있다면 사춘기도 아무 걱정 없이 지나간다는 뜻입니다.

마음이 답답한 일이 있을 땐 가족과 상의해 보세요. "이런 일이 있어서 고민하고 있어." 하고 고민을 털어놓으세요. 가족은 어떤 고민도 다 받아줄 거예요. 망설일 필요 없습니다. 가족이니까요.

가족과 사이가 좋지 않아서 고민을 상담하기 어렵다는 사람도 있을 텐데요. 그럴 땐 친구에게 도움을 청해보세요. 고민을 들어줄 친한 친구가 있다면 좋겠지요. 한 명이라도 좋아요. 수십 명이나 있을 필요는 없습니다.

고민 상담을 해줄 친구가 없는 사람도 있을 겁니다. 그래도 걱정하지 마세요. 인터넷을 검색해 보면 고민 상담 창구가 생각보다 많다는 걸 알 수 있습니다. 청소년 고민을 들어주는 믿을 만한 단체나 센터에 전화를 걸거나 메일을 한번 보내보세요. '생명의전화'가 많이 알려져 있는데 이 밖에도 여러 단체에서 진지하게 상담에 응해줍니다. 전국 곳곳에 상담 창구가 마련되어 있으니 가까운 지역 센터에 전화나 메일로 고민을 털어놓기만 해도 답답한 마음이 한결 가벼워질 겁니다. SNS나 온라인 채팅을 이용해 24시간 365일 익명으로도 상담할 수 있으니 혼자서 끙끙 앓지 마세요.

사춘기가 되면 신체 변화가 생기고 감정이 복잡해지기 쉽다며 그럴듯한 설명을 하는 전문가도 있지만 이는 '근거 없는 속설'일 뿐이에요. 성장 호르몬이 분비되니 변성기가 시작되고 음모가 나는 등 다양한 신체 변화를 겪기는 하지만, 그렇다고 해서 모두가 감정 기복이 심한 것은 아닙니다.

62.
형사재판에서
유죄 판결만 나오는 이유

여러분은 '재판' 하면 어떤 이미지가 떠오르나요? 검사와 변호사가 치열한 법정 공방을 펼치고 양측의 의견을 들은 판사가 법에 따라 공정하게 유무죄 판결을 내리는 모습이 떠오르지 않나요?

재판의 대체적인 흐름은 그렇지만, 실제로 일본의 형사재판에서는 유죄 판결의 비율이 무려 99퍼센트를 넘습니다. 형사재판에서는 거의 100퍼센트 유죄 판결이 선고된다는 뜻이죠.

미국 하버드대학 로스쿨의 마크 램지어Mark Ramseyer는 일본 형사재판의 유죄율이 비정상적으로 높은 사실에 놀라며 '재판의 공정성을 의심'했습니다. 유죄 판결이 전제되다시피 하는 재판이라면 애초에 재판할 필요가 없으며, 뭔가 비리가 있다고 생각해도 이상하지 않지요.

그래서 램지어는 일본인 판사 321명의 정보를 조사하여 왜 이렇게 유죄 판결 비율이 높은지 살펴보았습니다. 그 결과 두 가지 사실을 확인했어요.

먼저 판사들의 경력을 살펴보았는데요. '무죄'를 선고하는 판사는 경력이 그리 좋지 않았습니다. 즉 무죄 판결을 내리면 판사로서 출세하기가 어렵습니다. 이 때문에 판사들은 알게 모르게 '유죄로 판결하는 것이 좋다'는 압박을 많이 느낍니다.

램지어는 자세한 조사를 통해 더 큰 이유도 찾아냈어요. 이유는 바로, 단순히 검찰 인력이 부족했기 때문이었습니다.

흔히 잘못 알고 있는 점이 있는데, 재판 집행 여부는 경찰이 아니라 검찰에서 결정합니다. 법을 위반한 사람을 체포하는 것까지가 경찰의 역할이고 공소를 제기해 재판을 받게 할지 정하는 것은 검찰 업무입니다.

그런데 일본에서는 검찰 인력이 턱없이 부족한 탓에 틀림없이 유죄라고 확신하는 경우에만 기소합니다. 인원이 부족하기 때문에 못 하는 거지요.

원래 재판을 여는 목적은 유무죄를 가리기 위해서입니다. 그런데 일본 검찰은 상당한 증거가 있어 '범죄 혐의가 뚜렷'하다고 판단되는 사람만 기소하기 때문에 유죄 판결 비율이 100퍼센트에 가깝게 올라가 버린 것입니다. 증거가 불충분한 경우에는 '의심은 가지만 사건을 배당해 재판을 열기 어렵다'라는 것이 검찰의 속사정입니다.

일본의 유죄 판결 비율이 거의 100퍼센트라고 하면 겁내는 사람도 있을지 모릅니다. 하지만 조금 의심스러운 정도로는 재판을 진행하지 않고 넘어갈 가능성이 높으니 불안해 하지 않아도 됩니다. 물론 애초에 나쁜 짓을 하지 않으면 됩니다.

63.
판사의 기분에 따라
판결이 달라진다?

판사들이 법과 증거를 바탕으로 기계적인 판결을 내리고 있느냐 하면, 꼭 그렇지도 않은 듯합니다. 판사도 사람이니까 우리와 마찬가지로 기분이 좋을 때와 나쁠 때가 있고, 기분에 따라 판결이 바뀔 수도 있습니다.

이스라엘 벤구리온대학의 샤이 댄지거Shai Danziger는 1,112건의 재판 기록에서 재판이 열리는 시간대와 판결 내용을 조사했습니다.

그 결과, 오전 이른 시간대에는 피고에게 유리한 판결을 내리는 비율이 무려 60퍼센트 이상이라는 사실을 확인했습니다. 기분 좋은 아침 시간대에는 판사들도 '후한 판결'을 내리는 경향이 있다는 말이죠.

그런데 점심시간이 다가오면 배가 고파 짜증이 나서 그런지 피고에게 유리한 판결을 거의 내리지 않았습니다. 점심을 먹고 배가 부르면 다시 기분이 좋아지는지 피고에게 유리한 판결이 늘었습니다. 시간이 조금 지나면 이번에는 피곤한 탓인지 다시 피고에게 가혹한 판결이 많아졌습니다.

하루를 시간대별로 나누면 유리, 불리가 번갈아서 나오는 두 개의 곡선을 볼 수 있습니다. 아무리 냉정해지려고 해도 기분

내 마음이 왜 이럴까?

이 바뀌는 걸 피하지는 못할 겁니다. 조사 결과를 놓고 본다면, 배가 고프거나 피곤해서 짜증이 나면 판결에 영향이 갈 수밖에 없는 것 같습니다.

이런 이야기를 들으면 '재판 시간대에 따라서 혹시나 불리한 판결이 나오지 않을지' 걱정하는 사람도 있을 텐데요. 만약 재판을 받게 된다면 오전 이른 시간대에 재판이 열리기를 빌어야겠네요.

재판은 공정해야 하지만 현실에서는 어쩔 수 없이 심리적인 영향을 받게 되어 판사의 판단이 흐려지는 일도 있습니다.

그런 것까지 연구하나 싶겠지만 '법정 심리학'이라는 분야에서는 재판관의 판단력이 언제 흐려지는지 등을 연구합니다. 심리학에도 다양한 장르가 있답니다.

64.
잘못했을 때
반성하는 태도가 중요하다

학교 선생님이나 선배, 직장 상사에게 혼났을 때는 고개를 떨궈 깊이 반성하는 모습을 보이는 것이 좋습니다. 그러면 잔소리를 최대한 덜 듣고 끝낼 수 있어요.

상대에게 지적을 받았을 때 불만 있는 듯 삐딱한 태도를 보이거나 전혀 반성하지 않는 얼굴을 하면 상대방이 흥분해서 한마디로 끝날 잔소리가 더 길어집니다. 그러니 빨리 이 상황에서 벗어나고 싶다면 겉으로라도 반성하는 모습을 보이고 속으로 몰래 욕하면 됩니다.

재판에서도 피고인의 태도는 판결에 상당한 영향을 미치는데요. 미국 인디애나대학의 데니스 디바인Dennis Devine 은 45년 동안의 자료를 분석하여 재판에서 배심원(일본에서는 일부 재판에 배심원 제도가 도입되었고, 한국에서는 2008년 《국민의 형사재판 참여에 관한 법률》을 제정하여 시행하고 있다 – 옮긴이)들이 유죄 판결을 내릴 때 가장 크게 영향을 미치는 요인은 피고인의 태도라는 사실을 밝혀냈습니다.

피고인이 반성의 기미 없이 반항적인 태도를 보이거나 자신이 저지른 죄에 대해 아무렇지 않은 모습을 보이면 엄중한 판결이 내려질 확률이 높습니다.

심리학에서는 이를 '스콧 피터슨 효과 Scott Peterson Effect'라고 합니다. 스콧 피터슨은 미국을 떠들썩하게 만들었던 살인범인데, 임신 8개월의 아내와 뱃속의 태아를 살해한 혐의로 사형 판결을 받았습니다. 그는 재판이 진행되는 내내 태연한 얼굴이었고, 배심원들이 차마 보기 힘들어하는 끔찍한 증거 사진이 제출되었을 때조차 조금의 동요도 없이 무덤덤한 반응을 보였다고 합니다.

나쁜 짓을 저질렀을 때는 반성하는 모습을 보이는 것이 중요합니다. 학교에서 정해진 규칙을 아무도 지키지 않았다고 합시다. '등하교 시에는 잡담 금지' 같은 것 말이에요. 많은 사람이 규칙을 위반했는데 혼자만 꾸지람을 들은 적 없나요? 그럴 때 '왜 나만 혼나는 거야!' 하는 태도를 보이면 선생님의 화를 더

돋울 뿐이니 겸손한 모습을 보이는 것이 상책입니다.

반성하는 자세는 사회에 나가서도 필요합니다. 어른이 되면 말도 안 되는 일을 수도 없이 겪습니다. 그때마다 삐딱하게 굴거나 화를 내거나 반항을 하면 오히려 상황이 더 꼬일 수도 있습니다. 불합리한 일을 당했을 때는 내 입장을 당당하게 표현하고 이성적인 태도로 처신하되, 지나치게 흥분하거나 불량스러운 태도를 취해서는 안 됩니다.

잘못을 했을 때는 당연히 머리를 숙이고 반성하는 모습을 보여야겠지만, 억울한 일을 당했더라도 침착하고 예의 바른 태도를 취하면 상대방도 함부로 하지 못하고 의외로 상황이 잘 정리됩니다.

우리는 마음속 어딘가에서 의사는 잘못된 판단을 하지 않는다고 믿고 있습니다.

하지만 의사도 사람이기 때문에 오진할 때도 있고, 약을 잘못 처방할 때도 있고, 수술 중에 실수를 '저지르고 마는' 경우도 있습니다.

이런 이유 때문에 의사에게 아무런 치료도 받지 않는 편이 오히려 무사할 수 있지 않느냐는 아이러니한 방법을 생각한 연구자가 있습니다.

미국 하버드 의학전문대학원의 아누팜 제나Anupam Jena는 2002년부터 2011년 동안 국제적인 심장병학회가 개최된 이틀

간과 전후 3주간의 환자 사망률을 분석해 보았습니다.

그 결과, 심장병학회가 열렸던 이틀 동안에만 환자 사망률이 17.5퍼센트였습니다. 개최 기간을 제외한 전후 3주 동안에는 24.8퍼센트였고요. 의사가 학회에 참석해 자리를 비운 기간에 오히려 환자가 더 '죽지 않았다'는 사실을 알 수 있지요. 의사들에게 이런 말을 하면 혼나겠지만 실제로 이런 데이터가 있으니 어쩔 수 없습니다. 관련 연구 사례는 또 있습니다.

미국 조지아주에 있는 에모리대학의 솔베이그 커닝엄[Solveig Cunningham]은 의사의 파업과 환자 사망률의 연관성을 조사한 156편의 논문을 종합적으로 분석하여 '의사 파업 기간에는 환자 사망률이 떨어진다'는 사실을 확인했습니다. '급여를 인상해 주지 않으면 의료 행위를 하지 않겠다'며 의사들이 파업하고 있을 때, 아이러니하게도 환자가 '덜 죽는' 것입니다.

커닝엄이 조사한 156편의 논문 가운데 '의사 파업 중에 사망률이 증가했다'라는 사실을 증명한 연구는 하나도 없었습니다.

물론 제가 모든 의료 행위를 부정하는 것은 아니니까 만일을 위해 덧붙일게요. 아플 땐 스스로 치료하려 하지 말고 일단 병원에서 의사에게 진찰을 받으세요. 다만 의사는 모든 병을 다 낫게 해주는 존재가 아니라 우리와 마찬가지로 실수도 하는 인간이라고 생각하면 좋겠네요.

66.
우리의 무의식은 살인을 거부한다

우크라이나와 러시아는 교전 상황에 있습니다. 매일 수많은 사상자가 발생하고 있어요. 전쟁이 시작되었다고 해서 갑자기 상대국의 사람들을 미워하고 아무렇지 않게 죽일 수 있는 것은 아닙니다. 지금껏 벌레 한 마리도 못 죽이던 온화한 사람이 전쟁터에 나가서 살인마로 돌변하는 일은 없다는 뜻입니다.

전장에서 지휘관은 군인들이 의외로 '살해하기를 주저한다'는 점에 곤혹스러워합니다. 적군을 살해하라는 명령에도 군인들은 쉽사리 총칼을 겨누지 못합니다.

《살인의 심리학》이라는 책에는 얼마나 많은 군인이 적을 향해 총을 쏘았는지 조사한 결과가 실려 있는데요. '대부분이 총을 쏘지 않았다'고 합니다. 적군이 아니라 허공을 향해 총을 쏘는 군인도 있었다고 해요.

인간은 같은 인간을 쉽게 죽이지 못합니다. 사람을 죽이는 것은 매우 어려운 일이기 때문에 자동으로 심리적인 제동이 걸립니다. 실험 내용을 하나 소개하겠습니다.

네덜란드 암스테르담자유대학의 라울 아우데얀스^{Raôul Oudejans}는 사격 훈련에 관한 실험을 진행했습니다. 이 실험에서는 표적을 두 개 준비했는데요. 하나는 종이에 원이 그려진 표적이고 다른 하나는 사람 모양을 한 표적이었습니다.

실험 참가자들이 30회 사격을 하여 표적을 향해 정확하게 총을 쏠 수 있는지 측정했는데요. 그 결과, 사람 모양의 표적은 참가자들이 제대로 맞히지 못한다는 사실을 확인했습니다. 사격 표적이 사람 모양이라는 사실만으로 무의식중에 '맞히지 않으려' 노력했다는 뜻이겠지요.

텔레비전 뉴스를 보면 일상적으로 살인 사건이 보도되고, 러시와 우크라이나 전쟁으로 연일 사망자가 속출하고 있습니다. 이런 소식에 익숙해지다 보니 사람을 죽이는 일이 간단해 보이지만 현실에서는 그렇지 않습니다.

물론 아무렇지 않게 살인을 저지르는 사람도 있겠지만 그건 어디까지나 예외일 뿐입니다. 대다수 사람들은 살인을 하지 못

   내 마음이 왜 이럴까?

하며 무의식중에 마음속에서도 거부합니다. 이 때문에 전쟁이 일어나면 지휘관들은 병사들이 어떻게 적군을 죽일 수 있을지 골머리를 앓습니다.

러시아와 우크라이나 전쟁에서는 러시아군 탈영병이 늘고 있다고 합니다. 충분한 식량을 공급받지 못했거나 월급을 받지 못했다는 등 다양한 이유가 있겠지만 '살해를 거부하는' 마음이 탈영의 가장 큰 이유가 아닐까 짐작해 봅니다.

67.
불평등은 OK,
불공평은 NG

우리는 어릴 때부터 평등함과 공평함이 중요하다고 배웁니다. '불평등과 불공평함은 좋지 않다'라고 배우지요.

그런데 '불평등'과 '불공평'은 언뜻 보면 아주 비슷해서 같은 의미로 취급되는 경우가 많은데 사실은 전혀 다릅니다. 사전에서 찾아보면 각각의 뜻은 다음과 같습니다.

평등: 치우침이나 차별 없이 모두 고르고 한결같음.

공평: 모든 것을 똑같이 취급하는 것. 판단이나 처리 등이 치우치지 않음.

어떤가요, 차이를 알겠나요? 조금 헷갈리지요? 개인차가 있어도 모두에게 똑같이 주는 것이 '평등'이고, 인종이나 신념, 성별, 가치관, 장애 유무 등 개인차를 고려해 각자에게 적절하게 나눠주는 것이 '공평'이라는 견해도 있습니다.

미국 예일대학의 크리스티나 스타먼스^{Christina Starmans}에 따르면 사람들은 불평등 자체를 크게 싫어하지 않는다고 합니다. 우리가 싫어하는 것은 불공평입니다.

불평등은 OK, 불공평은 NG!

이것이 스타먼스가 내린 결론입니다. 실제로 우리 사회에는 불평등한 상황이 많은데요. 사람들은 여기에 대해서 별로 불평하지 않습니다. 예를 들어 열심히 일하는 사람이 월급을 많이 받는 시스템에 대해 생각해 볼까요? 선진국은 대부분 이런 시스템으로 되어 있죠. 일본도 마찬가지입니다. 일하는 만큼 수입이 달라지기 때문에 모두가 같은 월급을 받을 수는 없습니다. 그런 점에서는 불평등하지요.

러시아는 옛 소련 시절, 열심히 일하든 적당히 일하든 모두 똑같은 돈을 받는 평등한 시스템이었습니다. 사람들은 불공평하다고 느꼈고 결국 이 시스템은 중단되었습니다.

스타먼스의 주장대로, 불평등은 참아도 불공평은 안 된다고 생각하는 사람이 압도적으로 많을지도 모릅니다. 예컨대 여러

분이 의대에 진학하고 싶다고 칩시다. 모두에게 평등해지려면 지원자를 전원 합격시켜야겠지만 그런 대학은 없습니다. 입학 정원이 정해져 있어 시험으로 합격자와 불합격자를 가려내는 것이 일반적이죠. 이 방법은 불평등하지만 모든 수험생을 같은 시험으로 판단하기 때문에 공평함이 유지되고 있습니다.

수년 전 일본의 일부 의과대학이 남성 수험생들을 우대하기 위해 여성 수험생들을 불합격시켰다는 뉴스가 보도되었는데요. 이런 불공평함은 받아들이기 어렵죠.

여러분 주위에도 불공평하다고 느끼는 일이 있나요?

내 마음이 왜 이럴까?

마치며

이 책은 이것으로 막을 내리겠습니다.

책에서 여러 가지 이야기를 했는데요. 심리학에 조금은 흥미가 생겼는지 모르겠습니다. 만약 '심리학은 정말 재미있어!'라고 느꼈다면 책을 쓴 사람으로서 그보다 더한 기쁨은 없을 겁니다. 심리학은 정말로 흥미로운 학문입니다.

제가 심리학자이다 보니 "사람들의 마음을 읽을 수 있나요?"라는 질문을 많이 받는데요. 심리학은 그런 학문이 아닙니다. 사람의 마음을 헤아리는 연구를 하는 심리학자도 있기는 하지만 그게 전부는 아닙니다.

또 많이 오해하는 것이 있는데요. 심리학과 멘탈리즘^{Mentalism}

은 다릅니다. 멘탈리즘은 학문이라기보다 마술입니다. '멘탈(정신)'이라는 말이 들어 있으니 오해해도 어쩔 수 없겠다는 생각은 듭니다.

저는 대학에서 심리학을 가르치고 있는데요. "와, 심리학이 이런 학문인 줄은 몰랐어!" 하고 놀라는 신입생들을 꽤 많이 봤습니다. 그래서 언젠가는 중고등학생을 대상으로 심리학 입문서를 쓰고 싶다고 늘 생각했지요. 심리학을 잘못 알고 있는 사람이 의외로 많아서 그런 오해를 풀고 싶었거든요.

그럴 때 우연히 편집자인 니시나 다카시仁科貴史 씨가 '열네 살 정도부터 흥미를 느낄 만한 심리학 이야기를 책으로 써보지 않겠냐'고 제안을 해주셨습니다. 마침 좋은 기회였기에 감사히 제안을 받아들여 이 책이 탄생하게 되었습니다.

평소 저는 어른들을 위한 책을 써왔기 때문에 이번에 책을 집필하면서 정말 힘들었습니다. 최대한 쉬운 말을 사용하고 되도록 함께 대화하는 느낌으로 쓰고 싶었지만 좀처럼 잘되지는 않았습니다. '잘 이해되지 않는다'라고 느끼는 부분도 많았으리라 짐작되는데 아무쪼록 양해해 주시길 바랍니다.

마지막으로, 이렇게 멋진 주제로 책을 쓸 기회를 주신 관계자 여러분께 진심으로 감사드립니다. 정말 감사합니다.

그리고 독자 여러분, 끝까지 읽어주셔서 감사합니다.

　　　　　　　　　　내 마음이 왜 이럴까?

책에서 다양한 연구 사례를 소개했는데요. 그중에 하나라도 여러분의 마음에 남는 이야기가 있으면 좋겠다는 바람을 가지면서 펜을 놓겠습니다.

또 만날 수 있기를 바랍니다.

나이토 요시히토

참고문헌

Akerlof, G. A., Yellen, J. L., & Katz, M. L. 1996 An analysis of out-of-wedlock childbearing in the United States. *The Quarterly Journal of Economics*, 111, 277-317.

Amsterdam, J. V., Opperhuizen, A., Koeter, M., & van den Brink, W. 2010 Ranking the harm of alcohol, tobacco and illicit drugs for the individual and the population. *European Addiction Research, 16*, 202-207.

Aron, A., Melinat, E., Aron, E.N., Vallone, R. D., & Bator, R. J. 1997 The experimental generation of interpersonal closeness: A procedure and some preliminary findings. *Personality and Social Psychology Bulletin, 23*, 363-377.

Belt, V., Richardson, R., & Webster, J. 2002 Women, social skill and interactive service work in telephone call centres. *New Technology, Work and Employment, 17*, 20-34.

Braun, K. A., Ellis, R., & Loftus, E. F. 2002 Make my memory: How advertising can change our memories of the past. *Psychology & Marketing, 19*, 1-23.

Brickman, P., Coates, D., & Janoff-Bulman, R. 1978 Lottery winners and accident victims: Is happiness relative? *Journal of Personality and Social Psychology, 36*, 917-927.

Brown, P. H.& Minty, J. H. 2008 Media coverage and charitable giving after the 2004 Tsunami. *Southern Economic Journal, 75*, 9-25.

Bunderson, J.S. & Thompson, J. A. 2009 The call of the wild: Zookeepers, callings, and the double-edged sword of deeply meaningful work. *Administrative Science Quarterly, 54*, 32-57.

Camerer, C., Issacharoff, S., Loewenstein, G., O'Donoghue, T., & Rabin, M. 2003 Regulation for conservatives: Behavioral economics and the case for "Asymmetric Paternalism". *University of Pennsylvania Law Review, 151*, 1211-1254.

Carlson, K., Lusardi, A., Kim, J., & Camerer, C. F. 2015 Bankruptcy rates among NFL players with short-lived income spikes. American Economic Review, 105, 381-384.

Case, T. I., Repacholi, B. M., & Stevenson, R. J. 2006 My baby doesn't smell as bad as yours: The plasticity of disgust. *Evolution and Human Behavior, 27*, 357-365.

Chetty, R., Stepner, M., Abraham, S., Lin, S., Scuderi, B., Turner, N., Bergeron, A., & Cutler, D. 2016 The association between income and life expectancy in the United

내 마음이 왜 이럴까?

States, 2001-2014. *Journal of American Medical Association, 315,* 1750-1766.

Claro, S., Paunesku, D., & Dweck, C. S. 2016 Growth mindset tempers the effects of poverty on academic achievement. *Proceedings of the National Academy of Sciences, 113,* 8664-8668.

Cohn, L. D. & Adler, N. E. 1992 Female and male perceptions of ideal body shapes: Distorted views among Caucasian college students. *Psychology of Women Quarterly, 16,* 69-79.

Cottrell, J. E., Winer, G. A., & Smith, M. C. 1996 Beliefs of children and adults about feeling stares of unseen others. *Developmental Psychology, 32,* 50-61.

Cunningham, S. A., Mitchell, K., Narayan, K. M. V., & Yusuf, S. 2008 Doctors' strikes and mortality: A review. *Social Science & Medicine, 67,* 1784-1788.

Danziger, S., Levav, J., & Avnaim-Pesso, L. 2011 Extraneous factors in judicial decisions. *Proceedings of the National Academy of Sciences of the United States of America ,108,* 6889-6892.

Deming, D. J. 2017 The growing importance of social skills in the labor market. *The Quarterly Journal of Economics, 132,* 1593-1640.

Devine, D. J., Clayton, L. D., Dunford, B. B., Seying, R., & Pryce, J. 2000 Jury decision making 45 years of empirical research on deliberating groups. *Psychology, Public Policy, and Law, 7,* 622-727.

Dodds, P. S., Muhamad, R., & Watts, D. J. 2003 An experimental study of search in global social networks. *Science, 301,* 827-829.

Dwyer, K. K. & Davidson, M. M. 2012 Is public speaking really more feared than death? *Communication Research Reports, 29,* 99-107.

Engester, S., Rheinberg, F., & Moller, M. 2009 Achievement motive imagery in German schoolbooks: A pilot study testing McClelland's hypothesis. *Journal of Research in Personality, 43,* 110-113.

Felmlee, D. H. 1995 Fatal attractions: Affection and disaffection in intimate relationships. *Journal of Social and Personal Relationships, 12,* 295-311.

Ferris, G. R., Witt, L. A., & Hochwarter, W. A. 2001 Interaction of social skill and general mental ability on job performance and salary. *Journal of Applied Psychology, 86,* 1075-1082.

Fiese, B. H., Tomcho, T. J., Douglas, M., Josephs, K., Poltrock, S., & Baker, T. 2002 A review of 50 years of research on naturally occurring family routines and rituals: Cause for celebration? *Journal of Family Psychology, 16,* 381-390.

Fincher, C. L. & Thornhill, R. 2008 Assortative sociality, limited dispersal, infectious disease and the genesis of the global pattern of religion diversity. *Proceedings of the Royal Society of London. B:Biological Sciences, 275,* 2587-2594.

Foroughi, C. K., Monfort, S. S., Paczynski, M., McKnight, P. E., & Greenwood, P. M. 2016 Placebo effects in cognitive training. *Proceedings of the National Academy of Sciences of the United States of America, 113,* 7470-7474.

Frederick, D. A. & Haselton, M. G. 2007 Why is muscularity sexy? Tests of the fitness indicator hypothesis. *Personality and Social Psychology Bulletin, 33,* 1167-1183.

Galperin, A., Haselton, M. G., Frederick, D. A., Poore, J., von Hippel, W., Buss, D .M., & Gonzaga, G. C. 2013 Sexual regret: Evidence for evolved sex differences. *Archives of Sexual Behavior, 42,* 1145-1161.

Gernsbacher, M. A., Dawson, M., & Goldsmith, H. H. 2005 Three reasons not to believe in an autism epidemic. *Current Directions in Psychological Science, 14,* 55-58.

Gilovich, T., Medvec, V. H., & Savitsky, K. 2000 The spotlight effect in social judgment: An egocentric bias in estimates of the salience of one's own actions and appearance. *Journal of Personality and Social Psychology, 78,* 211-222.

Goode, S. & Magill, R. A. 1986 Contextual interference effects in learning three badminton serves. *Research Quarterly for Exercise and Sport, 57,* 308-314.

Greenwald, A. G., Spangenberg, E. R., Pratkanis, A. R., & Eskenazi, J. 1991 Doubleblind tests of subliminal self-help audiotapes. *Psychological Science, 2,* 119-122.

Hamm, M. P., Newton, A. S., Chisholm, A., Shulhan, J., Milne, A., Sundar, P., Ennis, H., Scott, S. D., & Hartling, L. 2015 Prevalence and effect of cyberbullying on children and young people: A scoping review of social media studies. *JAMA Pediatrics, 169,* 770-777.

Heath, C., Bell, C., & Sternberg, E. 2001 Emotional selection in memes: The case of urban legends. *Journal of Personality and Social Psychology, 81,* 1028-1041.

Helsen, W., Sarkes, J. L., & Van Winckel, J. 2000 Effect of a change in selection year on success in male soccer players. *American Journal of Human Biology, 12,* 729-735.

Howell, J., Koudenberg, N., Loschelder, D. D., Weston, D., Fransen, K., de Dominicis, S., Gallagher, S., & Haslam, S. A. 2014 Happy but unhealthy: The relationship between social ties and health in an emerging network. *European Journal of Social Psychology ,44,* 612-621.

Jena, A. B., Prasad, V., Goldman, D. P., & Romley, J. 2015 Mortality and treatment patterns among patients hospitalized with acute cardiovascular conditions during dates of national cardiology meetings. *JAMA Internal Medicine, 175,* 237-244.

Judge, T. A., Hurst, C., & Simon, L. S. 2009 Does it pay to be smart, attractive, or confident(or all three)? Relationships among general mental ability, physical attractiveness, core self-evaluations, and income. *Journal of Applied Psychology, 94,* 742-755.

Jung, J., Krahé, B., Bondü, R., Esser, G., & Wyschkon, A. 2018 Dynamic progression of antisocial behavior in childhood and adolescence: A three-wave longitudinal study from Germany. *Applied Developmental Science, 22,* 74-88.

Kärnä, A., Voeten, M., Little, T. D., Poskiparta, E., Alanen, E., & Salmivalli, C. 2011 Going to scale: A nonrandomized nationwide trial of the KiVa antibullying program for grades 1-9. *Journal of Consulting and Clinical Psychology, 79,* 796-805.

Kushlev, K. & Dunn, E. W. 2015 Checking email less frequently reduces stress. *Computers in*

내 마음이 왜 이럴까?

Human Behavior, 43, 220-228.

Landin, D. K., Hebert, E. P., & Fairweather, M. 1993 The effects of variable practice on the performance of a basketball skill. *Research Quarterly for Exercise and Sport, 64*, 232-237.

Lange, J. & Crusius, J. 2015 Dispositional envy revisited: Unraveling the motivational dynamics of benign and malicious envy. *Personality and Social Psychology Bulletin, 41*, 284-294.

Lazer, D., Kennedy, R., King, G., & Vespignani, A. 2014 The parable of Google flu: Traps in big data analysis. *Science, 343*, 1203-1205.

Ley, P., Bradshaw, P. W., Eaves, D., & Walker, C. M. 1973 A method for increasing patients' recall of information presented by doctors. *Psychological Medicine, 3*, 217-220.

Lopez-Quintero, C., et al. 2011 Probability and predictors of remission from life-time nicotine, alcohol, cannabis or cocaine dependence: Results from the national epidemiologic survey on alcohol and related conditions. *Addiction, 106*, 657-669.

Mautz, B. S., Wong, B. B. M., Peters, R. A., & Jennions, M. D. 2013 Penis size interacts with body shape and height to influence male attractiveness. *Proceedings of the National Academy of Sciences, 110*, 6925-6930.

McCann, S. J. H. 2014 Happy twitter tweets are more likely in American States with lower levels of resident neuroticism. *Psychological Reports, 114*, 891-895.

Mesko, N. & Bereczkei, T. 2004 Hairstyle as an adaptive means of displaying phenotypic quality. *Human Nature, 15*, 251-270.

Mondschein, E. R., Adolph, K. E., & Tamis-LeMonda, C. S. 2000 Gender bias in mothers' expectations about infant crawling. *Journal of Experimental Child Psychology, 77*, 304-316.

Morrow, R. L., Garland, E. J., Wright, J. M., Maclure, M., Taylor, S., & Dormuth, C. R. 2012 Influence of relative age on diagnosis and treatment of attention-deficit/hyperactivity disorder in children. *Canadian Medical Association Journal, 184*, 755-762.

Nass, C., & Lee, K. M. 2001 Does computer-synthesized speech manifest personality? Experimental tests of recognition, similarity-attraction, and consistency-attraction. *Journal of Experimental Psychology: Applied, 7*, 171-181.

Niedenthal, P. M., Augustinova, M., Rychlowska, M., Droit-Volet, S., Zinner, L., Knafo, A., & Brauer, M. 2012 Negative relations between pacifier use and emotional competence. *Basic and Applied Social Psychology, 34*, 387-394.

Offer, D. & Schonert-Reicl, K. A. 1992 Debunking the myths of adolescence: Findings from recent research. *Journal of the American Academy of Child & Adolescent Psychiatry, 31*, 1003-1014.

Oudejans, R. R. D. 2008 Reality-based practice under pressure improves handgun shooting performance of police officers. *Ergonomics, 51*, 261-273.

Paulhus, D. L. 1998 Interpersonal and intrapsychic adaptiveness of trait self-enhancement: A mixed blessing? *Journal of Personality and Social Psychology, 74*, 1197-1208.

Penney, A. M., Miedema, V. C., & Mazmanian, D. 2015 Intelligence and emotional disorders: Is the worrying and ruminating mind a more intelligent mind? *Personality and Individual Differences, 74*, 90-93.

Perrett, D., Penton-Voak, I. S., Little, A. C., Tiddeman, B. P., Burt, D. M., Schmidt, N., Oxley, R., Kinloch, N., & Barrett, L. 2002 Facial attractiveness judgements reflect learning of parental age characteristics. *Proceedings of Royal Society of London Series B: Biological Sciences, 269*, 873-880.

Raikov, V. L. 1976 The possibility of creativity in the active stage of hypnosis. *International Journal of Clinical and Experimental Hypnosis, 24*, 258-268.

Rajecki, D. W. & Borden, V. M. H. 2011 Psychology degrees: Employment, wage, and career trajectory consequences. *Perspectives on Psychological Science, 6*, 321-335.

Ramachandran, V. S. 1997 Why do gentlemen prefer blondes? *Medical Hypotheses, 48*, 19-20.

Ramseyer, J. M. & Rasmusen, E. B. 2001 Why is the Japanese conviction rate so high? *The Journal of Legal Studies, 30*, 53-88.

Rittle-Johnson, B., Saylor, M., & Swygert, K. E. 2008 Learning from explaining: Does it matter if mom is listening? *Journal of Experimental Child Psychology, 100*, 215-224.

Roediger, H. L. III. & Karpicke, J. D. 2006 Test-enhanced learning: Taking memory tests improves long-term retention. *Psychological Science, 17*, 249-255.

Roese, N. J., & Summerville, A. 2005 What we regret most…and why. *Personality and Social Psychology Bulletin, 31*, 1273-1285.

Rudman, L. A., Phelan, J. E., & Heppen, J. B. 2007 Developmental sources of implicit attitudes. *Personality and Social Psychology Bulletin, 33*, 1700-1713.

Sanna, L. J., Chang, E. C., Carter, S. E., & Small, E. M. 2006 The future is now: Prospective temporal self-appraisals among defensive pessimists and optimists. *Personality and Social Psychology Bulletin, 32*, 727-739.

Simonton, D. K. 1992 The social context of career success and course for 2,026 scientists and inventors. *Personality and Social Psychology Bulletin, 18*, 452-463.

Slamecha, N. J. & Graf, P. 1978 The generation effect: Delineation of a phenomenon. Journal of Experimental Psychology: *Human Learning and Memory, 4*, 592-604.

Slomka, J. 1992 Playing with propranolol. *The Hastings Center Report, 22*, 13-17.

Sprecher, S. 1998 Insiders' perspectives on reasons for attraction to a close other. *Social Psychology Quarterly, 61*, 287-300.

Starmans, C., Sheskin, M., & Bloom, P. 2017 Why people prefer unequal societies. *Nature Human Behavior, 1*, 1-7.

Steffensmeier, D. J. & Terry, R. M. 1973 Deviance and respectability: An observational study of reactions to shoplifting. *Social Forces, 51*, 417-426.

Swaab, R. I., Schaerer, M., Anicich, E. M., Ronay, R. R., & Galinsky, A. D. 2014 The too-much-talent effect; Team interdependence determines when more talent is too much or not enough. *Psychological Science, 25*, 1581-1591.

Tantleff-Dunn, S. 2002 Biggest isn't always best: The effect of breast size on perceptions of women. *Journal of Applied Social Psychology, 32,* 2253-2265.

Toma, C. L., Hancock, J. T., & Ellison, N. B. 2008 Separating fact from fiction: An examination of deceptive self-presentation in online dating profiles. *Personality and Social Psychology Bulletin, 34,* 1023-1036.

Wang, M. T., Eccles, J. S., & Kenny, S. 2013 Not lack of ability but more choice: Individual and gender differences in choice of careers in science, technology, engineering, and mathematics. *Psychological Science, 24,* 770-775.

Waters, S. F., West, T. V., Mendes, W. B. 2014 Stress contagion: Physiological covariation between mothers and infants. *Psychological Science, 25,* 934-942.

Wulf, G. & Weigelt, C. 1997 Instructions about physical principles in learning a complex motor skill: To tell or not to tell... *Research Quarterly for Exercise and Sport, 68,* 362-367.

사춘기, 우정, 공부, 연애까지 심리학이 궁금한 순간

내 마음이 왜 이럴까?

제1판 1쇄 인쇄 | 2025년 8월 20일
제1판 1쇄 발행 | 2025년 8월 27일

지은이 | 나이토 요시히토
옮긴이 | 한선주
그린이 | 신병근·조금상
펴낸이 | 하영춘
펴낸곳 | 한국경제신문 한경BP
출판본부장 | 이선정
편집주간 | 김동욱
책임편집 | 박정현
교정교열 | 최은영
저작권 | 백상아
홍보마케팅 | 김규형·서은실·이여진·박도현
디자인 | 이승욱·권석중

주   소 | 서울특별시 중구 청파로 463
기획편집부 | 02-360-4556, 4584
홍보마케팅부 | 02-360-4595, 4562   FAX | 02-360-4837
H | http://bp.hankyung.com   E | bp@hankyung.com
F | www.facebook.com/hankyungbp
등   록 | 제 2-315(1967. 5. 15)

ISBN 978-89-475-0184-2 43180   ·